国家自然科学基金青年科学基金项目"基于结构突变的分数维面板协整检验与估计方法：碳排放与经济增长关系研究"（72103032）

国家自然科学基金青年科学基金项目"中国经济增长路径上的绿色财税体系优化配置研究"（71903027）

国家自然科学基金面上项目"省际能源消费的变系数非参空间面板数据模型研究"（71773012）

2020年辽宁省社会科学规划基金青年项目"中国工业绿色转型路径上的绿色财税政策体系优化研究"（L20CJY014）

东北财经大学优秀学术专著出版资助（20220080）

截面相关下的变结构面板协整检验研究

薛景 ◎ 著

Study on Cointegration Tests with Structural Breaks
in Cross-sectional Dependent Panel

中国社会科学出版社

图书在版编目（CIP）数据

截面相关下的变结构面板协整检验研究/薛景著．—北京：中国社会科学出版社，2023.8
ISBN 978-7-5227-2475-1

Ⅰ.①截⋯ Ⅱ.①薛⋯ Ⅲ.①计量经济学—研究 Ⅳ.①F224.0

中国国家版本馆 CIP 数据核字（2023）第 155145 号

出 版 人	赵剑英	
责任编辑	任睿明	刘晓红
责任校对	周晓东	
责任印制	戴　宽	
出　　版	中国社会科学出版社	
社　　址	北京鼓楼西大街甲 158 号	
邮　　编	100720	
网　　址	http://www.csspw.cn	
发 行 部	010-84083685	
门 市 部	010-84029450	
经　　销	新华书店及其他书店	
印　　刷	北京君升印刷有限公司	
装　　订	廊坊市广阳区广增装订厂	
版　　次	2023 年 8 月第 1 版	
印　　次	2023 年 8 月第 1 次印刷	
开　　本	710×1000　1/16	
印　　张	11.25	
字　　数	159 千字	
定　　价	59.00 元	

凡购买中国社会科学出版社图书，如有质量问题请与本社营销中心联系调换
电话：010-84083683
版权所有　侵权必究

前　言

为了避免伪回归现象，对非平稳数据建模前需要先进行协整检验，以确定变量之间是否存在长期稳定的均衡关系。其实，协整分析技术是 20 世纪 80 年代以来计量经济学方法论的一个重大突破，并在实证中得到广泛的应用。另外，由于面板数据从时间和截面两个维度来反映数据变化的规律，提供了更多的信息，因而面板数据也逐渐成为现代计量经济学研究的热点之一。所以，研究非平稳面板数据的协整理论得到学者的高度关注。很明显，如果使用单序列分析技术研究面板数据很可能产生错误的结论，因此需要提出新的统计量和检验方法。

一般而言，为了保证检验统计量的性质会对模型施加诸多假定，一旦违背了假定条件，所得的结论就可能出现偏误。早期的面板协整检验都是基于结构稳定和截面独立的假设下进行的，然而，首先，理论上协整概念并不能排除长期关系中的协整向量和确定性成分随着研究时期而改变的可能性，即协整向量和确定性成分可能不稳定，而且数据结构在现实中很难保持稳定，经济系统的稳态会因自身内在的体制变化或外在的各种冲击、干扰而发生变动，而这些经济结构的变动都会反映在经济数据结构的变动上，造成数据结构的不稳定。其次，截面独立的假设虽然能刻画各单元内的公共随机趋势，但是并不能刻画截面间（或全局）的公共随机趋势，从而限制了模型的实用性，而且从实际角度，在资金流动如此频繁的当代经济中，各地区间的经济都是相关联的，因而截面间也都是相关的。所以，基于两个假定的传统面板协整检验是失效的，在研究面板协整检验时考虑结构突变和截面相关无论在理论上还是在实际中都很有价值，这也是本书研究的重点。

本书在较为全面梳理面板协整检验方法的基础上，对截面相关下的变结构面板协整检验进行深入研究。首先，Westerlund 和 Edgerton（2008）（简称 WE 法）提出了两个统计量以检验在无协整关系的原假设下的面板协整关系。该检验考虑了异质且序列相关的误差项、个体时间趋势、截面相关以及各截面在截距和协整斜率上存在多个未知时点的突变。本书引入了该检验，并对其进行拓展，使之能够应用于没有时间趋势的面板协整方程中，同时推导出其在原假设下的极限分布，为了选择最适合的面板模型，本书还拓展了 SIC 准则，并通过蒙特卡洛模拟考察各统计量的小样本性质。随后，在第四章中，本书基于 Feldstein-Horioka 方法，使用第三章中的基于 WE 法的截面相关下的变结构面板协整检验来考察 1978—2011 年中国省际资本流动情况，结果显示在考虑结构突变和截面相关的情况下，考察期内投资和储蓄间并不存在长期均衡关系，也就是说中国省域间的资本流动能力较强，当地投资并不受到当地储蓄的约束，F-H 之谜在中国并不存在。

然而，虽然基于 WE 法的截面相关下的变结构面板协整检验方法较为简单，但仍基于一个严格的假定——公共因子平稳。因此本书在第五章中引入了 Bai 和 Carrion-i-Silvestre（2013）（简称 BC 法）提出的检验并对其进行扩展，提出了基于 BC 法的截面相关下的变结构面板协整检验，该模型考虑了个体时间趋势、与因子相关的自变量、内生性、异质且序列相关的误差项、截面相关以及在截距和协整斜率上存在多个未知的异质突变点。该模型还允许公共因子是平稳变量和非平稳变量的组合。在推导出统计量的渐近性质后，通过蒙特卡洛模拟考察统计量的有限样本性质。本书将基于 BC 法的截面相关下的变结构面板协整检验用到 1970—2016 年发达国家和发展中国家的二氧化碳排放与经济增长关系的实证研究中，发现无论是在发展中国家面板还是在发达国家面板中"环境库兹涅兹曲线"假设都不存在。

  本书致力于截面相关下的变结构面板协整检验的研究，并将理论结果应用到实际问题中去，贯彻着"方法从问题中来，再到问题中去"这一思想。当然，由于本人知识有限，对于书中的错误和不足之处，恳请各位批评指正。本人也将笃行致远，砥砺前行。

薛 景
2022 年 5 月

目 录

第一章　绪论 ·· 1

　　第一节　研究背景与意义 ·· 1
　　第二节　国内外研究现状 ·· 4
　　第三节　研究内容 ··· 9

第二章　面板协整检验方法介绍 ······································ 11

　　第一节　传统的面板协整检验 ······································ 11
　　第二节　截面相关下的面板协整检验 ····························· 19
　　第三节　结构变化的面板协整检验 ································ 27
　　第四节　截面相关下的变结构面板协整检验 ··················· 30
　　第五节　本章小结 ··· 34

第三章　基于 WE 法的截面相关下的变结构面板协整检验 ···· 35

　　第一节　模型设定与检验 ·· 35
　　第二节　蒙特卡洛模拟 ··· 44
　　第三节　本章小结 ··· 54

第四章　应用实例：Feldstein-Horioka 之谜在中国各省份
　　　　 之间的再检验 ··· 55

　　第一节　引言 ··· 55
　　第二节　关于 Feldstein-Horioka 之谜的综述及评价 ········· 56

第三节　检验结果与分析 ·· 59
　　第四节　本章小结 ·· 63

第五章　基于 BC 法的截面相关下的变结构面板协整检验 ········ 65
　　第一节　引言 ··· 65
　　第二节　模型设定与检验 ·· 66
　　第三节　蒙特卡洛模拟 ··· 78
　　第四节　本章小结 ·· 95

**第六章　应用实例：二氧化碳排放与经济增长关系的
　　　　　实证研究** ··· 97
　　第一节　问题的提出 ··· 97
　　第二节　文献综述 ·· 99
　　第三节　检验结果与分析 ·· 101
　　第四节　本章小结 ·· 113

附　录 ··· 115

参考文献 ··· 147

索　引 ··· 168

后　记 ··· 171

第一章 绪 论

第一节 研究背景与意义

用于实证分析的经济数据形式主要分为三类：时间序列数据、横截面数据和混合数据。时间序列是对单一变量在不同时期进行观测的数据，横截面数据是对一个或多个变量在同一时期进行观测的数据，混合数据是结合了时间序列和横截面数据的二维数据。面板数据是混合数据的一种特殊形式，它是对固定的横截面单元在时间上的重复观测数据。

在经典计量经济学模型中，时间序列和横截面数据是主要研究对象。随着计量经济学的发展，面板数据逐渐成为现代计量经济学研究的热点之一，这主要是因为，与纯粹的时间序列和横截面数据相比，面板数据可以从时间和截面两个维度来反映数据变化的规律，具有许多优势。根据 Hsiao（2003）可以总结为以下几点：①面板数据表明个体间存在着异质性，使用面板数据就可以控制这些个体间的异质性；②面板数据具有更大的变异，能够提供更多的信息，减弱变量间的共线性，增加统计量的自由度，从而提高估计和检验的有效性；③面板数据可以更好地应用于研究动态调整过程，而且能够检验更为复杂的行为模型；④微观面板数据比类似宏观层面上的数据更加准确，同时有可能消除个体数据加总造成的误差。另外，从经济应用角度来看，在当今经济全球化的背景下，国际贸易日趋频繁，各地区间的联系也愈加密切，因此对样本数据形式要求更高，而面板数据能提供更多的信息，因而能够提供更好的拟合模型。

现代计量经济学的一个重要课题是：研究经济数据生成过程的特点和性质，洞悉数据的动态结构，建立有效的计量经济模型，从而进行经济预测和检验各种经济理论的可靠性。但在进行建模分析时，往往假设变量是平稳的，然而，现实中的许多经济数据都非平稳，使得传统的平稳序列研究方法失效。于是，现代计量分析的首要步骤就是，在建模之前对数据进行单位根检验以避免伪回归现象。如果数据检验结果为非平稳过程，通常通过差分使之平稳后再进行建模，但这样会丢失数据的一些长期信息，因此提出了协整理论，它保留了非平稳数据的样本信息，旨在描述变量间存在的一种长期稳定的均衡关系。事实上，协整分析技术是 20 世纪 80 年代以来计量经济学方法论的一个重大突破，用以检验单整变量间是否存在长期关系的协整检验在实证研究中越来越受欢迎。然而，由于面板数据的性质，面板协整检验更加烦琐。

一般而言，为了保证系数估计量和检验统计量的性质，总是对模型施加诸多假定，但在实际应用中，这些假定在大多数情况下是不成立的，一旦违背了假定条件，所得的结论就可能出现偏误。对于面板协整检验，第一个假设就是结构稳定。理论上，协整概念并不能排除长期关系中的协整向量和确定性成分随着研究时期而改变的可能性，即协整向量和确定性成分可能不稳定，而且现实中结构稳定的假设通常也很难成立。尤其在时间维度上，经济系统的稳态会因自身内在的体制变化或外在的各种冲击而发生一次、多次甚至连续的变动，而这些经济结构的变动都会反映在经济数据结构的变动上，造成数据结构的不稳定。

Chow 在 1960 年提出了著名的邹至庄检验开始对参数的稳定性进行检验。其实早在 1955 年 Page 就提出了一个单边检验来检验所有观测值是否来自相同的总体分布。Cherno 和 Zacks（1964）使用贝叶斯方法估计和检验了断点变化前后正态分布的均值。Kander 和 Zacks（1966）进一步推导了 Cherno 和 Zacks（1964）的检验并与 Page（1955）的检验进行了对比。Gardner（1969）检验了当突变次数服从一个先验分布时独立正态分布的均值变化。此后，学术界对参数的结构稳定性进行了大量的研究。*Journal of Econometrics* 杂志分别在 1996 年第 10 卷和 2005 年第 129 卷对计量经济模型中的结构突变进行了两次专题研究。无论是理论方面，如断点的检验和估计（Dufour, 1982; Hansen, 1992a、1992b; Andrews, 1993; Andrews et al., 1996; Bai, 1997a、1997b; Altissimo, 2003）、变结构的单位根检验（Amsler, 1995; Clemente and Montañés, 1998; Carion-i-Silvestre et al., 1999; Kapetanios, 2005）、变结构的协整检验（Campos et al., 1996; Gregory et al., 1996; Maddala and Kim, 1998; Johansen et al., 2000; Bartley et al., 2001; Carion-i-Silvestre and Sansó-i-Rosselló, 2006）还是实证方面（Perron, 1989; Christiano, 1992; Banerjee et al., 1992; Perron, 1997; Cati et al.; 1999; Ben-David et al., 2003），大量研究表明数据结构的变化对参数模型影响很大，断点的存在往往能改变模型的结果。

学术界对结构非稳定的研究越来越深入，但很多变结构面板协整分析是基于截面间相互独立的假设加以研究的。这个假设便于在截面上使用中心极限定理，从而得到统计量的渐近正态性。然而，截面独立的假设虽然能刻画各单元内的公共随机趋势，但是并不能刻画截面间（或全局）的公共随机趋势，从而限制了模型的实用性（Bai and Carrion-i-Silvestre, 2009）。从实际角度，在资金流动如此频繁的当代经济中，各地区间的经济都是相互关联的，因而截面间也都是相关的。从而使基于这两个假定的传统面板协整检验失效，因此，对截面相关下的变结构面板协整检验进行研究既拓展了经典理论计量经济学又为应用计量经济学提供理论支撑。

第二节 国内外研究现状

一 面板数据的伪回归

在进行建模时往往要求数据是平稳的，然而在实际应用中，绝大多数数据都是非平稳的，对这样的数据直接建模会导致伪回归的现象。在时间序列分析中，如果非平稳变量之间根本不存在任何线性关系，但却能得到统计显著的回归参数，这样的现象被称为伪回归或虚假回归。这个问题最早是 Yule（1926）在研究 1866—1911 年英国教堂婚礼占总婚礼的比例与人口死亡率之间的高度相关关系时提出的，他指出，即使在大样本中非平稳时间序列间也可能持续存在这种虚假相关。Granger 和 Newbold（1974）利用蒙特卡洛模拟得出结论：对独立的随机游走过程进行回归，能得到较高的 R^2 或 $\overline{R}^2$，但 DW 统计量很低，出现伪回归现象。Phillips（1986）从理论上分析了伪回归问题，利用泛函中心极限定理证明了，当 $T \to \infty$ 时伪回归的 t 和 F 统计量都是发散的。

对于面板数据模型，如果使用非平稳的变量进行回归同样会导致伪回归现象。Entorf（1997）对不含漂移项或含有漂移项的两个独立随机游走进行回归，使用了面板固定效应模型，结果发现根据 t 统计量进行推断会得到虚假结论。Kao（1999）检验了面板最小二乘虚拟变量（LSDV）估计量和一些传统检验统计量的伪回归性质，发现其 t 统计量是发散的，也就是说，关于回归斜率的推论以概率 1 渐近错误。

对于非平稳数据模型，基于 t 统计量和 DW 统计量的推断不再可靠，所以通常采用差分的方法将非平稳数据转化为平稳数据，可是变换后的数据不但会丢失大量的信息，而且不具有直接的经济意义，从而使得所建模型的经济含义不明显，不利于研究和预测。而协整理论使得对非平稳数据建模成为可能，它研究的是非平稳变量之间存在的一种长期稳定的均衡关系。

二　面板协整检验

对于面板协整理论，早在20世纪90年代学者就开始了研究，基本可以分为四种情形，即没有放松任何假定的传统面板协整检验、截面相关下的面板协整检验、结构变化的面板协整检验和截面相关下的变结构面板协整检验。未考虑结构突变的检验会导致其检验势的下降，而未考虑截面相关的检验会致使检验结果失真，因此现阶段学者将两者结合起来，考虑截面相关下的变结构面板协整检验，希望与实证条件更加契合。

Westerlund 和 Edgerton（2005）以 Schimidt 和 Phillips（1992）、Ahn（1993）以及 Amsler 和 Lee（1996）提出的 LM 单位根检验为基础，提出了两个统计量来检验不存在有突变的协整关系的原假设。该检验允许模型有异方差、序列相关、异质时间趋势以及在截距和斜率上有异质的单个突变点，而且可以用于分析无突变点、有已知突变点和有未知突变点三种情形。该统计量在原假设下渐近服从一个与冗余参数无关的正态分布，即统计量的极限分布与趋势项以及断点是无关的，而且其渐近分布不会因为截距项中误漏了结构突变而变化，但是会受到斜率中误漏结构突变的影响。

Westerlund（2006a）基于 Gregory 和 Hansen（1996）提出了四个统计量来检验不存在有一个水平突变的协整关系的原假设。该检验允许有内生解释变量、序列相关以及未知的异质水平突变。其渐近分布为一个与冗余参数无关的正态分布，但因为渐近分布没有闭式解，所以文章通过蒙特卡洛模拟给出了部分临界值。

Westerlund（2006b）在 McCoskey 和 Kao（1998）的 LM 检验基础上，提出了一个允许协整回归的截距和协整斜率有多个断点的面板协整检验，该检验允许模型有内生自变量、序列相关以及未知的异质断点。原假设为模型具有协整关系，在此原假设下，Westerlund 证明出该统计量服从一个与冗余参数无关的正态分布，即统计量的极限分布与断点的位置和数量是无关的，因此无须对不同的断点计算不同的临界值，大大地提高了检验的可行性。

  Banerjee 和 Carrion-i-Silvestre（2006）用蒙特卡洛模拟的方法证明了 Pedroni 面板协整检验会受到结构突变的影响，结构突变程度增大会降低检验功效，在一些情形中当结构突变程度增大时即使样本量增大检验功效也趋近于零。于是，他们基于 Pedroni（1999、2004）的面板协整检验提出了允许突变存在于截距、趋势项和协整向量的检验统计量。

  Tam（2007）比较了变结构面板协整检验中的两类检验：一类是基于 Gregory 和 Hansen（1996）的 GH 型检验，另一类是基于 Schmidt 和 Phillips（1992）的 LM 型检验，两者的区别在于原假设，前者原假设为不存在没有突变的协整关系，后者原假设为不存在有突变的协整关系。Tam 研究认为 LM 型检验无论在原假设下还是备择假设下都允许存在突变，比 GH 型检验的功效更高，而且其计算不依赖于断点的位置，因此 LM 型检验优于 GH 型检验。随后，Tam 扩展了 LM 型检验使其能够检验更多的突变形式。Tam 还提出先使用 LM 去趋势法去掉趋势再差分进行检验的两步检验法来检验变结构的面板协整关系。

  Gutierrez（2010）基于 Gregory 和 Hansen（1996）提出的 ADF 型拓展统计量及 Phillips 和 Ouliaris（1990）提出的 Z_α 和 Z_t 统计量，再结合 Maddala 和 Wu（1999）的元程序（Meta procedure）来检验有一个未知突变点的面板协整关系。该检验可以用于 5 个协整检验模型，即具有水平突变、带有时间趋势的水平突变、水平和趋势都有突变、水平和协整向量都有突变以及趋势和协整向量都有突变 5 个模型，其原假设为没有协整关系。

  上述变结构面板协整检验都是在截面间相互独立的假设下进行的，然而截面独立的假设虽然能刻画各单元内的公共随机趋势，但是并不能刻画截面间（或全局）的公共随机趋势，从而限制了模型的实用性（Bai and Carrion-i-Silvestre，2009）。截面相关的存在对估计和检验技术而言都非常重要。当截面独立的假设不成立时平稳性检验将发生严重的水平扭曲（Size distortion），因而截面相关的存在还会影响到面板协整检验的有效性（Maddala and Wu，1999；Phillips and Sul，2003；Banerjee and Carrion-i-Silvestre，2006）。因此，截面相关也是学术界研究的一大热点。

目前，处理面板截面相关主要有三种方法：一种是空间计量方法，另一种是因子模型，还有一种是自举法。使用空间计量方法处理截面相关问题主要在空间计量经济学中加以研究。对于非空间模型，学者通常采用有限个不可观测的公共因子来刻画截面相关。对于因子的估计，有多种不同的方法，主要方法有：①完全最大似然方法（Robertson and Symons，2000）；②主成分法（Forni et al.，2000；Coakley et al.，2002；Bai and Ng，2004；Banerjee and Carrion-i-Silvestre，2006；Bai，2009；Greenaway-McGrevy et al.，2012；Bai and Carrion-i-Silvestre，2013；王维国等，2013；薛景，2012；Banerjee and Carrion-i-Silvestre，2015；Arsova and Örsal，2018）；③用解释变量和被解释变量的截面平均值的线性组合作为不可观测因子的近似，即 CCE（Common correlated effects）方法（Pesaran，2006；Coakley et al.，2006；Kapetanios and Pesaran，2007；Banerjee and Carrion-i-Silvestre，2017）；④退势法（Choi，2002）。还有学者如 Maddala 和 Wu（1999）、Paparoditis 和 Politis（2003）、Chang（2004）、Palm 等（2008）、Di Iorio 和 Fachin（2010）等用自举法（Bootstrap），通过重复抽取保持了截面相关结构的样本数据来解决截面相关的问题。

于是，学者展开了对截面相关下的变结构面板协整检验的研究。

Westerlund（2006b）在提出了允许协整回归有多个异质断点的面板协整检验后建议使用自举法来解决面板数据中的截面相关问题。

Banerjee 和 Carrion-i-Silvestre（2006）在将 Pedroni 的面板协整检验拓展到有一个异质突变点的模型后，通过 Bai 和 Ng（2004）的公共因子模型刻画了面板模型中的截面相关性，模型中的因子可以是不平稳的，并推导出统计量分别在没有突变以及在水平和趋势上有突变时的渐近分布。

Tam（2007）使用单因子模型来考察有截面相关时的变结构面板协整检验。

Westerlund 和 Edgerton（2008）基于 Schimidt 和 Phillips（1992）、Ahn（1993）以及 Amsler 和 Lee（1996）提出的 LM 单位根检验提出了两个统计量检验没有协整关系的原假设。该检验考虑了异质且序列相关的误差、个体时间趋势、截面相关以及各截面在截距和协整斜率上存在多个未知时点的突变。其渐近分布与结构突变和公共因子均无关系，而且误漏截距上的结构突变不会对其渐近分布造成影响，但是会影响到检验功效。

Di Iorio 和 Fachin（2010）首先使用 Westerlund 和 Edgerton（2008）的最小二乘准则估计出断点后构建标准的 Gregory 和 Hansen 的 Min(ADF) 统计量，再使用 Parker 等（2006）的自举检验算法来解决截面相关问题，从而该检验同时考虑了结构突变和截面相关，其原假设为无协整关系。

Banerjee 和 Carrion-i-Silvestre（2015）在 Banerjee 和 Carrion-i-Silvestre（2006）的基础上将模型拓展到存在多个未知突变点的情形，突变点的位置仍然可以在水平、趋势和协整向量上。对于突变点在水平成分和协整系数上的情形，模型允许突变点是异质的，并给出了与冗余参数无关的渐近正态分布，但是对于趋势含有突变的情形，仍然需要断点已知并且同质而且还需对因子即模型的相关性均值施加约束。

国内对于变结构面板协整的理论研究较少。欧阳志刚和陈海燕通过引入转移模型（TR）研究阈值面板协整检验。

欧阳志刚（2008、2012）在 Westerlund 和 Edgerton（2005）模型的基础上引入两机制 TR 模型，构建两个统计量检验不存在协整关系的非线性阈值面板协整检验，该检验允许截距项含有阈值效应或者截距项和斜率系数都含有阈值效应。

陈海燕（2010）在 Westerlund 和 Edgerton（2008）模型的基础

上引入 Logistic 平滑转移函数（LSTR）来刻画协整关系中的结构变化，同样使用平稳的因子刻画截面间的相关性并得出相应的渐近分布。

综观上述对于截面相关下的变结构面板协整检验的研究，Westerlund 和 Edgerton（2008）基于 LM 提出的两个统计量不但考虑了异质且序列相关的误差、个体时间趋势、截面相关以及各截面在截距和协整斜率上存在多个未知时点的突变，而且不依赖于冗余参数，但是基于一个严格的假设——公共因子平稳。从实证角度来说 F_t 也有可能为 $I(1)$，因为 F_t 可能刻画了未包含于 y_{it} 的模型外因素的非平稳性（Banerjee and Carrion-i-Silvestre，2015）。Di Iorio 和 Fachin（2010）提出的带有突变的自举法只考虑了一个断点，且自举样本是基于估计断点计算出的，因而断点的估计直接影响到检验的结果，当断点接近样本的两端时，该方法就会严重失真，同时该方法对分区长度（Block size）的选择很敏感。Banerjee 和 Carrion-i-Silvestre（2015）虽然检验较为全面，但是对于趋势含有断点的情形，约束较为严格，而且检验的渐近分布依赖于冗余参数（如自变量个数、断点位置等），这样就会导致不同的自变量个数和不同的断点需要不同的临界值集，因此检验不便于使用。同时在现实经济中，公共因子可能不仅仅影响被解释变量，同样会影响自变量，但是他们忽略了公共因子与自变量相关的情况。

第三节　研究内容

本书的研究对象为截面相关下的变结构面板协整检验，具体内容安排如下：

第一章　绪论。本章首先介绍了选题背景，阐述了研究截面相关下的变结构面板协整的意义。其次，本章对面板数据的伪回归和面板协整检验的国内外现有文献进行梳理和评述。随后，概述了全文的主要内容。

第二章　面板协整检验方法介绍。从传统的面板协整检验、截面相关下的面板协整检验、结构变化的面板协整检验和截面相关下的变结构面板协整检验四个方面来详细介绍面板协整检验方法。

第三章　基于 WE 法的截面相关下的变结构面板协整检验。本章将 Westerlund 和 Edgerton（2008）所提出的检验方法（简称 WE 法）拓展为六个模型，构建相应的统计量，得到其渐近分布，并通过蒙特卡洛模拟检验统计量的有限样本性质，并与传统检验统计量进行比较。

第四章　应用实例：Feldstein-Horioka 之谜在中国省际的再检验。本章采用基于 WE 法的截面相关下的变结构面板协整检验来考察 1978—2011 年中国省际资本流动情况，结果发现，中国省域间的资本流动能力较强，F-H 之谜在中国并不存在。

第五章　基于 BC 法的截面相关下的变结构面板协整检验。首先，本章将 Bai 和 Carrion-i-Silvestre（2013）的截面相关下的面板协整检验（简称 BC 法）拓展到变结构框架下，构建统计量对六个模型检验没有协整关系的原假设，在推导出统计量的渐近性质后，通过蒙特卡洛模拟考察统计量的有限样本性质。

第六章　应用实例：二氧化碳排放与经济增长关系的实证研究。本章使用 20 个发达国家和 20 个发展中国家 1970—2016 年的面板数据采用基于 BC 法的截面相关下的变结构面板协整检验分别对发达国家和发展中国家的二氧化碳排放与经济增长之间的关系进行实证分析。研究发现无论是在发展中国家面板还是在发达国家面板中"环境库兹涅兹曲线"假设都不存在。

第二章

面板协整检验方法介绍

自 1987 年 Engle 和 Granger 提出了时间序列的协整理论和方法以来，关于协整方法的研究越来越受到学者的关注，而且在实证研究中也应用广泛。但由于实证中时间跨度往往较短，个体时间序列协整检验的功效较低，于是学者通过增加截面单元的变化以期提高检验功效，这样就引发了对面板协整检验的研究。

事实上，自 20 世纪 90 年代开始，学者对面板协整检验理论的研究就得到快速的发展，下面主要从传统的面板协整检验、截面相关下的面板协整检验、结构变化的面板协整检验和截面相关下的变结构面板协整检验四个方面加以阐述。

第一节 传统的面板协整检验

一般，面板协整检验根据检验的基本思想可以分为两大类：一类是根据 Engle 和 Granger 两步法推广的基于估计残差的面板协整检验；另一类是根据 Johansen 协整检验推广的基于面板误差修正模型（PVECM）的面板协整检验。

一 基于估计残差的协整关系检验

Kao（1999）基于 LSDV 估计残差给出了 4 个 DF 统计量和 1 个 ADF 统计量。

◇ 截面相关下的变结构面板协整检验研究

所考虑的回归模型

$$y_{it} = \alpha_i + \beta x_{it} + e_{it}, \quad i = 1, \cdots, N, \quad t = 1, \cdots, T \tag{2-1}$$

得到估计残差以便构造辅助回归 $\hat{e}_{it} = \rho \hat{e}_{it-1} + v_{it}$（构造 DF 统计量的辅助回归形式）和 $\hat{e}_{it} = \rho \hat{e}_{it-1} + \sum_{j=1}^{p} \phi_j \Delta \hat{e}_{it-j} + v_{itp}$（构造 ADF 统计量的辅助回归形式）。

在不存在协整关系的原假设，即 $\rho = 1$ 下，检验统计量为：

$$DF_\rho = \frac{\sqrt{N}T(\hat{\rho}-1) + 3\sqrt{N}}{\sqrt{10.2}}, \quad DF_t = \sqrt{1.25}\,t_\rho + \sqrt{1.875N}, \tag{2-2}$$

$$DF_\rho^* = \frac{\sqrt{N}T(\hat{\rho}-1) + \dfrac{3\sqrt{N}\hat{\sigma}_v^2}{\hat{\sigma}_{0v}^2}}{\sqrt{3 + \dfrac{36\hat{\sigma}_v^4}{5\hat{\sigma}_{0v}^4}}}, \quad DF_t^* = \frac{t_\rho + \dfrac{\sqrt{6N}\hat{\sigma}_v}{2\hat{\sigma}_{0v}}}{\sqrt{\dfrac{\hat{\sigma}_{0v}^2}{2\hat{\sigma}_v^2} + \dfrac{3\hat{\sigma}_v^2}{10\hat{\sigma}_{0v}^2}}},$$

$$ADF = \frac{t_{ADF} + \dfrac{\sqrt{6N}\hat{\sigma}_v}{2\hat{\sigma}_{0v}}}{\sqrt{\dfrac{\hat{\sigma}_{0v}^2}{2\hat{\sigma}_v^2} + \dfrac{3\hat{\sigma}_v^2}{10\hat{\sigma}_{0v}^2}}} \tag{2-3}$$

其中，t_ρ 和 t_{ADF} 分别为对应辅助回归中参数 ρ 的 t 统计量，$\hat{\sigma}_v^2$ 和 $\hat{\sigma}_{0v}^2$ 分别为短期方差和长期方差的一致估计量。根据序贯极限定理，DF_ρ^*、DF_t^* 和 ADF 渐近服从标准正态分布，而当严格外生且无序列相关时，DF_ρ 和 DF_t 也渐近服从标准正态分布。

Pedroni（1999）则考虑了存在时间趋势和异质斜率的情形，回归模型为：

$$y_{it} = \alpha_i + \delta_i t + \beta_{1i}x_{1it} + \beta_{2i}x_{2it} + \cdots + \beta_{Mi}x_{Mit} + e_{it}, \quad t = 1, \cdots, T,$$
$$i = 1, \cdots, N, \quad m = 1, \cdots, M \tag{2-4}$$

在不存在协整关系的原假设下提出了两组统计量，即 4 个维度内（Within-dimension）和 3 个维度间（Between-dimension）统计量，两组的区别在于备择假设中各个截面的自回归系数 γ 是否一致，即两组

统计量分别检验 $H_0: \gamma_i = 1 \leftrightarrow H_1: \gamma_i = \gamma < 1$ 和 $H_0: \gamma_i = 1 \leftrightarrow H_1: \gamma_i < 1$。

4 个维度内统计量分别为：

Panel v - Statistic：

$$T^2 N^{3/2} Z_{\hat{v}_{NT}} \equiv T^2 N^{3/2} \Big(\sum_{i=1}^{N} \sum_{t=1}^{T} \hat{L}_{11i}^{-2} \hat{e}_{it-1}^2 \Big)^{-1}$$

Panel ρ - Statistic：

$$T\sqrt{N} Z_{\hat{\rho}_{NT}-1} \equiv T\sqrt{N} \Big(\sum_{i=1}^{N} \sum_{t=1}^{T} \hat{L}_{11i}^{-2} \hat{e}_{it-1}^2 \Big)^{-1} \sum_{i=1}^{N} \sum_{t=1}^{T} \hat{L}_{11i}^{-2} (\hat{e}_{it-1} \Delta \hat{e}_{it} - \hat{\lambda}_i)$$

Panel PP - Statistic：

$$Z_{t_{NT}} \equiv \Big(\tilde{\sigma}_{NT}^2 \sum_{i=1}^{N} \sum_{t=1}^{T} \hat{L}_{11i}^{-2} \hat{e}_{it-1}^2 \Big)^{-1} \sum_{i=1}^{N} \sum_{t=1}^{T} \hat{L}_{11i}^{-2} (\hat{e}_{it-1} \Delta \hat{e}_{it} - \hat{\lambda}_i)$$

Panel ADF - Statistic：

$$Z_{t_{NT}}^* \equiv \Big(\tilde{s}_{NT}^{*2} \sum_{i=1}^{N} \sum_{t=1}^{T} \hat{L}_{11i}^{-2} \hat{e}_{it-1}^{*2} \Big)^{-1} \sum_{i=1}^{N} \sum_{t=1}^{T} \hat{L}_{11i}^{-2} \hat{e}_{it-1}^* \Delta \hat{e}_{it}^* \quad (2\text{-}5)$$

3 个维度间统计量分别为：

Group ρ - Statistic：

$$TN^{-1/2} \tilde{Z}_{\hat{\rho}_{NT}-1} \equiv TN^{-1/2} \sum_{i=1}^{N} \Big(\sum_{t=1}^{T} \hat{e}_{it-1}^2 \Big)^{-1} \sum_{t=1}^{T} (\hat{e}_{it-1} \Delta \hat{e}_{it} - \hat{\lambda}_i)$$

Group PP - Statistic：

$$N^{-1/2} \tilde{Z}_{t_{NT}} \equiv N^{-1/2} \sum_{i=1}^{N} \Big(\hat{\sigma}_i^2 \sum_{t=1}^{T} \hat{e}_{it-1}^2 \Big)^{-1/2} \sum_{t=1}^{T} (\hat{e}_{it-1} \Delta \hat{e}_{it} - \hat{\lambda}_i)$$

Group ADF - Statistic：

$$N^{-1/2} \tilde{Z}_{t_{NT}}^* \equiv N^{-1/2} \sum_{i=1}^{N} \Big(\sum_{t=1}^{T} \hat{s}_i^{*2} \hat{e}_{it-1}^{*2} \Big)^{-1/2} \sum_{t=1}^{T} \hat{e}_{it-1}^* \Delta \hat{e}_{it}^* \quad (2\text{-}6)$$

其中，$\hat{\lambda}_i = \frac{1}{T} \sum_{s=1}^{k_i} \Big(1 - \frac{s}{k_i + 1} \Big) \sum_{t=s+1}^{T} \hat{\mu}_{it} \hat{\mu}_{it-s}$，$\hat{s}_i^2 \equiv \frac{1}{T} \sum_{t=1}^{T} \hat{\mu}_{it}^2$，$\hat{\sigma}_i^2 = \hat{s}_i^2 + 2\hat{\lambda}_i$，$\tilde{\sigma}_{NT}^2 \equiv \frac{1}{N} \sum_{i=1}^{N} \hat{L}_{11i}^2 \hat{\sigma}_i^2$，$\hat{L}_{11i}^2 = \frac{1}{T} \sum_{t=1}^{T} \hat{\eta}_{it}^2 + \frac{2}{T} \sum_{s=1}^{k_i} \Big(1 - \frac{s}{k_i + 1} \Big) \times \sum_{t=s+1}^{T} \hat{\eta}_{it} \hat{\eta}_{it-s}$，$\hat{s}_i^{*2} \equiv \frac{1}{t} \sum_{t=1}^{T} \hat{\mu}_{it}^{*2}$，$\hat{s}_{NT}^{*2} \equiv \frac{1}{N} \sum_{i=1}^{N} \hat{s}_i^{*2}$，而 $\hat{\mu}_{it}$，$\hat{\mu}_{it}^*$ 和 $\hat{\eta}_{it}$ 分别为下列回归的估计残差：

$$\hat{e}_{it} = \hat{\gamma}\hat{e}_{it-1} + \hat{\mu}_{it}, \quad \hat{e}_{it} = \hat{\gamma}\hat{e}_{it-1} + \sum_{k=1}^{K_i}\hat{\gamma}_{ik}\Delta\hat{e}_{it-k} + \hat{\mu}_{it}^* \text{ 和 } \Delta y_{it} = \sum_{m=1}^{M}\hat{b}_{mi}\Delta x_{mit} + \hat{\eta}_{it} \qquad (2-7)$$

Pedroni 证明出，这些统计量的标准化形式都渐近服从标准正态分布。

Pedroni（2004）将检验拓展到具有异质短期动态和异质长期斜率的面板情形，给出了异质面板的 3 个面板（即维度内）协整统计量和 2 个组平均（即维度间）协整统计量。

McCoskey 和 Kao（1998）使用全面修正（FM）估计量和动态最小二乘（DOLS）估计量来修正拉格朗日乘子（LM）检验以降低序列相关和内生自变量所带来的估计偏差。所考虑的模型为：

$$y_{it} = \alpha_i + x'_{it}\beta_i + v_{it}$$

$$x_{it} = x_{it-1} + \varepsilon_{it}$$

$$v_{it} = \gamma_{it} + u_{it}$$

$$\gamma_{it} = \gamma_{it-1} + \theta u_{it}, \quad u_{it} \overset{i.i.d}{\sim} N(0, \sigma_u^2) \qquad (2-8)$$

原假设为存在协整关系，即 $\theta = 0$。令 $w_t = (u_{it}, \varepsilon'_{it})'$，则其长期协方差矩阵为：

$$\Omega = \lim_{T\to\infty}\frac{1}{T}E\Big(\sum_{t=1}^{T}w_{it}\Big)\Big(\sum_{t=1}^{T}w_{it}\Big)' = \Sigma + \Gamma + \Gamma' = \begin{bmatrix} \varpi_1^2 & \varpi_{12} \\ \varpi_{21} & \Omega_{22} \end{bmatrix} \qquad (2-9)$$

再令 $\Pi = \Sigma + \Gamma = \begin{bmatrix} \Pi_{11} & \Pi_{12} \\ \Pi_{21} & \Pi_{22} \end{bmatrix}$，$\varpi_{1\cdot 2}^2 = \varpi_1^2 - \varpi_{12}\Omega_{22}^{-1}\varpi_{21}$，$u_{it}^+ = u_{it} - \hat{\varpi}_{12}\hat{\Omega}_{22}^{-1}\varepsilon_{it}$，$y_{it}^+ = y_{it} - \hat{\varpi}_{12}\hat{\Omega}_{22}^{-1}\varepsilon_{it}$，那么 FM 估计量为 $\hat{\beta}_{iFM} = (X'_iX_i)^{-1}(X'_iy_i^+ - e_kT\hat{\delta}^+)$，其中 $\hat{\delta}^+ = \hat{\Pi}_{21} - \hat{\Pi}_{22}\hat{\Omega}_{22}^{-1}\hat{\varpi}_{21}$，$e_k = [0, I_k]'$。故基于 FM 估计量的修正检验统计量为：

$$LM^+ = \frac{\frac{1}{N}\sum_{i=1}^{N}\frac{1}{T^2}\sum_{t=1}^{T}S_{it}^{+2}}{\hat{\varpi}_{1\cdot 2}^2} \qquad (2-10)$$

其中，$S_{it}^+ = \sum_{j=1}^{t}\hat{e}_{ij}^+$，$\hat{e}_{ij}^+ = y_{it}^+ - \alpha_i - x_{it}\hat{\beta}_i^+$，$\hat{\varpi}_{1\cdot 2}^2$ 为 $\varpi_{1\cdot 2}^2$ 的一致估计量。

经证明，该统计量渐近服从正态分布。同理，可用 β_i 的 DOLS 估计量构造 LM^+ 统计量。

Westerlund（2005a）也认为自变量的内生性和误差项的序列相关会导致 OLS 估计量有偏且无效，因此需要使用 DOLS 或 FMOLS 进行估计，得到无偏且渐近有效的估计量，从而得到有效的回归残差再进行协整检验，所以他基于 FMOLS 和 DOLS 估计残差在存在协整关系的原假设下构建了 CUSUM 统计量。

Westerlund（2005b）将 Breitung（2002）单位根检验拓展到面板协整检验，在无协整关系的原假设下提出两个完全非参数的统计量：面板方差比统计量 VR_P 和组平均方差比统计量 VR_G。

Westerlund（2006c）首先对奇数和偶数样本分别进行检验，再使用 Bonferroni 原则合并，从而提高了 LM 检验的检验功效。

Hanck（2009）利用 Fisher（1932）所使用的原则合并统计量的 P 值来检验面板协整。

原假设为：对任何截面均没有协整关系，而备择假设为：至少有一个截面存在协整关系。

构造的 3 个面板协整统计量分别为：

$$P_{\chi^2} = -2 \sum_{i=1}^{N} \ln(p_i)$$

$$P_{\Phi^{-1}} = N^{-1/2} \sum_{i=1}^{N} \Phi^{-1}(p_i)$$

$$P_t = \sqrt{\frac{3(5N+4)}{\pi^2 N(5N+2)}} \sum_{i=1}^{N} \ln\left(\frac{p_i}{1-p_i}\right) \qquad (2-11)$$

其中，p_i 为单个截面协整检验的 P 值。

在一定的假设下，当所有的 $T_i \to \infty$ 时，$P_{\chi^2} \to_d \chi^2_{2N}$，$P_{\Phi^{-1}} \to_d N(0,1)$，$P_t \xrightarrow{approx.}_d T_{5N+4}$，其中 χ^2 为卡方分布，T 为学生 t 分布，下标表示自由度。

当使用 ADF 协整检验的 P 值，即 OLS 回归：

$$\Delta \hat{u}_{it} = (\gamma_i - 1)\hat{u}_{it-1} + \sum_{p=1}^{P} v_p \Delta \hat{u}_{it-p} + \varepsilon_t \qquad (2-12)$$

中 γ_i-1 估计量的 t 统计量的 P 值，进行上述检验时，就得到了基于 E-G 两步法的合并 P 值检验。

二 基于系统的协整关系检验

Larsson 等（2001）基于 Johansen（1988、1991、1995）提出的迹统计量构造了异质面板的 $\overline{LR}$ 统计量。

异质误差修正模型为：

$$\Delta Y_{it} = \prod_i Y_{it-1} + \sum_{k=1}^{k_i-1} \Gamma_{ik} \Delta Y_{it-k} + \varepsilon_{it}, \tag{2-13}$$

其中，$Y_{it} = (y_{i1t}, y_{i2t}, \cdots, y_{ipt})'$ 为第 i 个截面在时点 t 上的 p 维向量，$\prod_i$ 为 $p \times p$ 阶矩阵，$\varepsilon_{it} \stackrel{i.i.d}{\sim} N_p(0, \Omega_i)$。

面板检验的原假设为 H_0：对所有的 $i=1,\cdots,N, rank(\prod_i) = r_i \leq r$，备择假设为 H_1：对所有的 $i=1,\cdots,N, rank(\prod_i) = p$。

定义单个截面的迹统计量为：

$$LR_{iT}\{H(r) \mid H(p)\} = -2\ln Q_{iT}\{H(r) \mid H(p)\} = -T \sum_{j=r_i+1}^{p} \ln(1-\hat{\lambda}_{ij}), \tag{2-14}$$

其中，$\hat{\lambda}_{ij}$ 为第 i 个截面的第 j 个特征值。根据 Johansen（1995），迹统计量的渐近分布为：

$$-2\ln Q_{iT}\{H(r) \mid H(p)\} \stackrel{w}{\to} Z_k, \tag{2-15}$$

其中，$Z_k \equiv tr\left\{\int_0^1 (dW) W' \left(\int_0^1 WW'\right)^{-1} \int_0^1 W(dW)'\right\}$，$W$ 为 $k=(p-r)$ 维布朗运动。

令 $\overline{LR}_{NT}\{H(r) \mid H(p)\} = N^{-1} \sum_{i=1}^{N} LR_{iT}\{H(r) \mid H(p)\}$，则定义面板协整秩检验为：

$$\gamma_{\overline{LR}}\{H(r) \mid H(p)\} = \frac{\sqrt{N}(\overline{LR}_{NT}\{H(r) \mid H(p)\} - E(Z_k))}{\sqrt{var(Z_k)}} \tag{2-16}$$

其中，$E(Z_k)$ 和 $var(Z_k)$ 分别为渐近迹统计量的均值和方差。

在原假设下，当 $N, T \to \infty$，$\sqrt{N}T^{-1} \to 0$ 时，$\gamma_{\overline{LR}} \Rightarrow N(0,1)$，而 $E(Z_k)$ 和 $var(Z_k)$ 可通过 Johansen（1995）中的随机模拟得到，而且该

检验是单边的。

该检验的检验过程是 Johansen（1998）提出的序贯过程，即先检验 $r=0$，若拒绝再检验 $r=1$，一直持续到不拒绝原假设或拒绝 $r=p-1$。

Breitung（2005）首先使用两步法对模型进行估计，转换后的 VECM 为：

$$\gamma_i' \Delta y_{it} = \gamma_i' \alpha_i \beta' y_{it-1} + \gamma_i' \varepsilon_{it} \tag{2-17}$$

其中，k 维白噪声误差向量 ε_{it} 有零均值和正定的协方差矩阵，即 $E(\varepsilon_{it}) = 0$，$\sum_i = E(\varepsilon_{it} \varepsilon_{it}')$ 正定，β 为 $k \times r (0 < r < k)$ 维协整矩阵，γ_i 为 $k \times r$ 维矩阵且 $rank(\gamma_i' \alpha_i) = r$。$\gamma_i' = \alpha_i' \sum_i^{-1}$ 是最优选择，联合集中对数似然函数就得到渐近等价于 Gaussian ML 估计量的估计量。

在第二步中，若协整矩阵 β 同质，则可以对回归

$$\hat{z}_{it} = \beta' y_{it-1} + \hat{v}_{it} \tag{2-18}$$

进行混合最小二乘估计，其中 $\hat{z}_{it} = (\hat{\alpha}_i' \hat{\sum}_i^{-1} \hat{\alpha}_i)^{-1} \hat{\alpha}_i' \hat{\sum}_i^{-1} \Delta y_{it}$，$\hat{v}_{it}$ 定义类似。

若协整向量异质，则可以对每个截面进行估计，回归方程为：

$$\hat{z}_{it} = \beta_i' y_{it-1} + \hat{v}_{it} \tag{2-19}$$

将协整向量标准化为 $\beta = [I, B]'$，那么回归方程可写为：

$$\hat{z}_{it}^+ = B_i y_{it-1}^{(2)} + \hat{v}_{it} \tag{2-20}$$

其中，$\hat{z}_{it}^+ = (\hat{\alpha}_i' \hat{\sum}_i^{-1} \hat{\alpha}_i)^{-1} \hat{\alpha}_i' \hat{\sum}_i^{-1} \Delta y_{it} - y_{it-1}^{(1)}$，$y_{it} = [y_{it}^{(1)'}, y_{it}^{(2)'}]'$，$y_{it}^{(1)}$ 和 $y_{it}^{(2)}$ 分别为 y_{it} 的 $r \times 1$ 阶和 $(k-r) \times 1$ 阶子向量。如此得到的两步法估计量都具有正态极限分布。

检验原假设为 $r = r_0$，备择假设为 $r = k$。检验模型为：

$$\Delta y_{it} = \alpha_i \beta' y_{it-1} + \phi_i \beta_\perp' y_{it-1} + \varepsilon_{it}^* \tag{2-21}$$

其中，假设 β 同质，ϕ_i 为 $k \times (k-r)$ 阶满秩矩阵。在原假设下，假定 $\phi_i = 0$，而在备择假设下，ϕ_i 无约束，那么对至少有 1 个 $i \in \{1, \cdots, N\}$，矩阵 $\prod_i = \alpha_i \beta' + \phi_i \beta_\perp'$ 满秩。

式（2-21）两边左乘正交补 $\alpha_{i,\perp}'$ 得到：

$$u_{it} = \delta_i w_{it-1} + e_{it}^* \quad (2-22)$$

其中，$u_{it} = \alpha'_{i,\perp}\Delta y_{it}$，$\delta_i = \alpha'_{i,\perp}\phi_i$，$w_{it} = \beta'_{i,\perp}y_{it}$，$e_{it}^* = \alpha'_{i,\perp}\varepsilon_{it}^*$。第一步估计出 α_i，计算出其正交补 $\alpha'_{i,\perp}$；第二步估计出 β_i，计算出其正交补 $\beta'_{i,\perp}$。

原假设等价于检验对所有的截面，$\delta_i = 0$。于是对于不含有确定性成分的模型，构造 LM 型统计量：

$$\lambda_i^{lm}(r) = Ttr\left[\sum_{t=1}^T \hat{u}_{it}\hat{w}'_{it-1}\left(\sum_{t=1}^T \hat{w}_{it-1}\hat{w}'_{it-1}\right)\sum_{t=1}^T \hat{w}_{it-1}\hat{u}'_{it}\left(\sum_{t=1}^T \hat{u}_{it}\hat{u}'_{it}\right)^{-1}\right] \quad (2-23)$$

面板统计量为：

$$\bar{\lambda}(r) = N^{-1}\sum_{i=1}^N \lambda_i^{lm}(r) \quad (2-24)$$

该统计量渐近服从正态分布。

如果检验向量参数，那么可以使用 LR 统计量。具体地，原假设为 $H_0: \beta = [\beta_1, \cdots, \beta_r] = [\Phi_1\theta_1, \cdots, \Phi_r\theta_r]$，其中 Φ_j 为一个已知的 $k \times q_j$（$1 \leq q_j \leq k-r+1$）阶矩阵，θ_j 为 $q_j \times 1$ 阶向量。将假设代入式（2-19）得：

$$\hat{z}_{j,it} = \theta'_j(\Phi'_j y_{it-1}) + v_{j,it}^*, \quad j = 1, \cdots, r \quad (2-25)$$

令 $\tilde{v}_{it}$ 和 $\tilde{v}_{it}^* = [\tilde{v}_{1,it}^*, \cdots, \tilde{v}_{r,it}^*]$ 分别表示无约束回归（2-20）和受约束回归（2-25）的残差向量，则 LR 型统计量为：

$$\xi_{LR} = -T\sum_{i=1}^N \left(\log\left|\sum_{t=1}^T \tilde{v}_{it}\tilde{v}'_{it}\right| - \log\left|\sum_{t=1}^T \tilde{v}_{it}^*\tilde{v}_{it}^{*'}\right|\right) \quad (2-26)$$

该统计量服从自由度为 $r(k-r+1) - \sum_{j=1}^r q_j$ 的卡方分布。

随后作者将该方法拓展到带有个体短期动态和确定项的 VAR(p) 模型：

$$\Delta y_{it} = \Psi_i d_t + \alpha_i \beta' y_{it-1} + \sum_{j=1}^{p-1}\Gamma_{ij}\Delta y_{it-j} + \varepsilon_{it} \quad (2-27)$$

其中，d_t 为确定性变量向量（如常数、趋势或虚拟变量）。

令 $\Delta\tilde{y}_{it}(\tilde{y}_{it-1})$ 表示 $\Delta y_{it}(y_{it-1})$ 对 $\Delta y_{it-1}, \cdots, \Delta y_{it-p+1}$ 和 d_t 最小二乘回归的残差向量，则两步估计量可从以下回归中得到：

$$\tilde{z}_{it}^+ = B_i \tilde{y}_{it-1}^{(2)} + \tilde{v}_{it} \quad (2-28)$$

其中，$\hat{z}_{it}^+ = (\hat{\alpha}_i' \hat{\Sigma}_i^{-1} \hat{\alpha}_i)^{-1} \hat{\alpha}_i' \hat{\Sigma}_i^{-1} \Delta \tilde{y}_{it} - \tilde{y}_{it-1}^{(1)}$，$\tilde{v}_{it}$ 定义类似。得到两步估计量后，检验回归为：

$$\hat{u}_{it} = \Phi_i d_t + \delta_i' \hat{w}_{it-1} + e_{it} \tag{2-29}$$

从而构建类似于 VAR（1）模型的检验统计量。

Westerlund（2007）拓展了 Banerjee 等（1998）的时间序列检验，提出了4个基于误差修正模型的面板协整检验。这些统计量可以分为两组，即组平均统计量和面板统计量，检验原假设均为无协整关系。对于组平均统计量，备择假设为至少有一个截面协整，对于面板统计量，备择假设为整个面板均协整。

Hanck（2009）组合了 MacKinnon 等（1999）提出的 Johansen 的迹统计量 λ_{trace} 和最大特征根统计量 $\lambda_{\max}$ 的 P 值。原假设仍然为无协整关系，但 λ_{trace} 检验的备择假设为协整关系个数无约束，而 $\lambda_{\max}$ 检验的备择假设为 $h+1$ 个协整关系。为了与合并 P 值检验的原假设相一致，所以采用 λ_{trace} 检验。当然，如果对检验只有一个协整关系的备择假设感兴趣，也可以使用 $\lambda_{\max}$ 检验。

第二节 截面相关下的面板协整检验

一 基于估计残差的协整关系检验

Gengenbach 等（2006）使用公共因子来刻画面板数据中的截面相关，并提出两步法来检验无协整关系的原假设。

Westerlund 和 Edgerton（2007a）基于 McCoskey 和 Kao（1998）的 LM 检验，提出可以解决序列相关和截面相关的自举法协整检验。

模型的基本结构为：

$$y_{it} = \alpha_i + x_{it}' \beta_i + z_{it}$$
$$z_{it} = u_{it} + v_{it}$$
$$v_{it} = \sum_{j=1}^{t} \eta_{ij} \tag{2-30}$$

其中，x_{it} 为 k 维，且所包含的自变量都为纯粹的随机游走过程，$\eta_{it} \sim IID(0, \sigma_i^2)$。

向量 $w_{it} = (u_{it}, \Delta x'_{it})'$ 是个线性过程，且满足

$$w_{it} = \sum_{j=0}^{\infty} \alpha_{ij} e_{it-j} \tag{2-31}$$

其中，e_{it} 为在时间维度上独立同分布且均值为零的误差项。由于 α_{ij} 在截面维度上可变，因此该模型刻画了一个完全异质的序列相关结构。同时为了处理截面相关，允许向量 $e_t = (e'_{1t}, \cdots, e'_{Nt})'$ 有一个正定的协方差矩阵 $\mathrm{var}(e_t) = \Omega$。

检验原假设为：存在协整关系，备择假设为：没有协整关系，等价于检验 H_0：对所有截面，$\sigma_i^2 = 0 \leftrightarrow H_1$：对某个截面，$\sigma_i^2 > 0$。

式（2-31）可以表示成如下自回归形式：

$$\sum_{j=0}^{\infty} \phi_{ij} w_{it-j} = e_{it} \tag{2-32}$$

筛选自举（Sieve bootstrap）检验如下：

①使用 FMOLS 估计量 $\hat{w}_{it} = (\hat{z}_{it}, \Delta x'_{it})'$ 来估计式（2-32）中的 ϕ_{ij}，从而得到残差：

$$\hat{e}_{it} = \sum_{j=0}^{\infty} \hat{\phi}_{ij} \hat{w}_{it-j} \tag{2-33}$$

再通过 $\hat{e}_{it}$ 即可得到向量 $\hat{e}_t = (\hat{e}'_{1t}, \cdots, \hat{e}'_{Nt})'$。为保证自回归方程（2-33）始终可逆，可运用尤尔-沃克（Yule-Walker）方程来计算得到参数 $\hat{\phi}_{ij}$。

②由公式 $e_t^* = \hat{e}_t - T^{-1} \sum_{j=1}^{T} \hat{e}_j$ 得到随机样本 e_t^*，再代入式（2-33）逆求 w_{it}^*。

③将 $w_{it}^* = (z_{it}^*, \Delta x_{it}^{*'})'$ 代入 $y_{it}^* = \hat{\alpha}_i + x_{it}^{*'} \hat{\beta}_i + z_{it}^*$ 和 $x_{it}^* = \sum_{j=1}^{t} \Delta x_{ij}^*$，从而生成自举样本 x_{it}^* 和 y_{it}^*，其中 $\hat{\alpha}_i$ 和 $\hat{\beta}_i$ 分别为 α_i 和 β_i 的 FMOLS 估计量。

得到自举样本后，根据 McCoskey 和 Kao（1998）的 LM 检验统计量构造自举检验统计量，重复 S 遍后得到统计量的自举分布，进而确定统计量在5%显著性水平下的临界值。

Di Iorio 和 Fachin（2007）在无协整关系的原假设下，提出自举

协整检验来检验截面相关下的面板协整关系。他们拓展了 Parker、Paparoditis 和 Politis（2006）的基于残差的平稳性自举（RSB）单位根检验和 Herwartza 和 Neumann（2005）用以检验协整系数的 Wild 自举法（WB）。

Westerlund（2008）在无协整关系的原假设下，用公共因子模型来消除截面相关的影响，再利用 Durbin-Hausman 原则提出两个统计量。

对于面板统计量 DH_p 检验的假设为 H_0：所有截面都无协整↔H_1^p：所有截面都协整；而对于组平均统计量 DH_g 检验的假设为 H_0：所有截面都无协整↔H_1^g：至少有 1 个截面协整。

Bai 和 Carrion-i-Silvestre（2009）考虑了自变量是否与公共因子相关的情况下截面相关的面板协整检验统计量，原假设仍然为无协整关系。数据生成过程（DGP）为：

$$Y_{it} = \mu_i + \gamma_i t + X'_{it}\beta_i + u_{it}$$
$$(1-L)X_{it} = G_i(L)v_{it} \tag{2-34}$$

其中，X_{it} 为 $I(1)$ 自变量组成的 $p×1$ 阶向量。

扰动项 u_{it} 具有一个因子模型，即

$$u_{it} = F'_t \lambda_i + e_{it}$$
$$(1-L)F_t = C(L)w_t$$
$$(1-\rho_i L)e_{it} = d_i(L)\varepsilon_{it} \tag{2-35}$$

其中，F_t 为 $r×1$ 阶不可观测的因子向量，可以为 $I(1)$、$I(0)$ 或两者的组合，λ_i 为载荷向量。

1. 若 X_{it} 与 F_t 相互独立，

（1）当 X_{it} 严格外生时，即 X_{it} 独立于 $u_{it} = F'_t \lambda_i + e_{it}$，

若式（2-34）中 $\gamma_i = 0$，即只含有截距项，统计量构造步骤为：

①对因变量和自变量分别进行一阶差分，记为 y_i 和 x_i，其中对 $i = 1, \cdots, N$，y_i 为 $(T-1)×1$ 阶，x_i 为 $(T-1)×p$ 阶。

②构建映射矩阵 $M_i = I_{T-1} - x_i(x'_i x_i)^{-1} x'_i$，定义 $y_i^* = M_i y_i$，且令 $y^* = (y_1^*, y_2^*, \cdots, y_N^*)$。

③对 $(T-1)×(T-1)$ 阶矩阵 $y^* y^{*\prime}$ 进行奇异值分解，估计出 f 和

Λ,从而得到:

$$\tilde{z}_{it} = y_{it}^* - \tilde{f}_t' \tilde{\lambda}_i \tag{2-36}$$

④对每个截面 i,计算累积和 $\tilde{e}_{it} = \sum_{s=1}^{t} \tilde{z}_{is}$。估计 $\{\Delta e_{it}\}$ 的长期方差 $\tilde{\sigma}_i^2 = \dfrac{\tilde{\sigma}_{ki}^2}{\left(1-\tilde{\phi}(1)\right)^2}$,其中 $\tilde{\phi}(1) = \sum_{j=1}^{k} \tilde{\phi}_j$,$\tilde{\sigma}_{ki}^2 = (T-k)^{-1} \sum_{t=k+1}^{T} \tilde{v}_{it}^2$,而 $\tilde{\phi}_j$ 和 $\{\tilde{v}_{it}\}$ 来自方程 $\Delta \tilde{e}_{it} = \phi_0 \tilde{e}_{it-1} + \sum_{j=1}^{k} \phi_j \Delta \tilde{e}_{it-j} + v_{it}$ 的 OLS 估计。于是可以构建基于 $\tilde{e}_{it}$ 的 MSB 统计量:

$$MSB_{\tilde{e}}(i) = \dfrac{T^{-2} \sum_{t=1}^{T} \tilde{e}_{it-1}^2}{\tilde{\sigma}_i^2} \tag{2-37}$$

⑤如果只有一个公共因子($r=1$),则计算累积和 $\tilde{F}_t = \sum_{s=2}^{t} \tilde{f}_s$。将④中的 $\tilde{e}_{it}$ 换成 $\tilde{F}_t$,计算出基于 $\tilde{F}_t$ 的 $\tilde{\sigma}^2$ 和 MSB 统计量。

⑥如果不止一个公共因子($r>1$),则定义累积和 $\tilde{F}_t = \sum_{s=2}^{t} \tilde{f}_s$,计算中心化序列 $\tilde{F}_t^c = \tilde{F}_t - \overline{\tilde{F}}$。从 $q=r$ 开始,检验随机趋势的个数,构建 $MQ_c^c(q)$ 统计量和 $MQ_f^c(q)$ 统计量,过程类似于 Bai 和 Ng (2004)。

若式(2-34)也包含趋势项,则将上述统计量构造步骤做以下调整:

在第一步中,对因变量和自变量分别进行一阶差分再进行中心化,记为 y_i 和 x_i。在最后一步中,计算的是去势因子 $\tilde{F}_t^\tau$,它表示 $\tilde{F}$ 对常数和线性时间趋势回归的残差,构建的统计量为 $MQ_c^\tau(q)$ 和 $MQ_f^\tau(q)$。

(2)当 X_{it} 非严格外生时,即 X_{it} 与扰动项 e_{it} 相关,根据动态最小二乘法,通过加入 ΔX_{it} 的置前和滞后项来控制内生性,所以模型可以写为:

$$Y_{it} = \mu_i + \gamma_i t + X_{it}' \beta_i + \Delta X_{it}' A_i(L) + F_t' \lambda_i + \xi_{it} \tag{2-38}$$

其中,$A_i(L)$ 为 m_1 阶滞后和 m_2 阶置前算子的多项式向量。差分后变为:

$$\Delta Y_{it} = \gamma_i + \Delta X'_{it}\beta_i + \Delta^2 X'_i A_i(L) + \Delta F'_t \lambda_i + \Delta \xi_{it} \qquad (2-39)$$

令 y_i 为由 $\Delta Y_{it}(t=m_1+2, \cdots, T-m_2)$ 组成的 $(T-m-1) \times 1$ 阶向量，$(T-m-1) \times (m+2)p$ 阶矩阵 $x_i = (\Delta X'_{it}, \Delta^2 X'_{it-m_1}, \cdots, \Delta^2 X'_{it+m_2})$，其中 $m=m_1+m_2$。

在只有截距项的模型中，步骤同严格外生 X_{it} 的相应情形；在含有趋势项的模型中，y_i 和 x_i 的定义中还需去除它们累积样本均值，同理 f 和 $\Delta \xi_i$ 的定义中也需去除样本均值，其他同严格外生 X_{it} 的相应情形。

2. 若 X_{it} 与 F_t 相关，

模型为
$$Y_{it} = \mu_i + \gamma_i t + X'_{it}\beta_i + F'_t \lambda_i + e_{it} \qquad (2-40)$$

差分后模型为
$$\Delta Y_{it} = \gamma_i + \Delta X'_{it}\beta_i + \Delta F'_t \lambda_i + \Delta e_{it} \qquad (2-41)$$

向量旋转后
$$\Delta Y_i = \gamma_i \iota + \Delta X_i \beta_i + \Delta F \lambda_i + \Delta e_i \qquad (2-42)$$

其中，ι 为全 1 向量。

若 X_{it} 非严格外生，只需在式（2-40）中加入 ΔX_{it} 的置前和滞后项来控制内生性。这里假设 X_{it} 是严格外生的。

令 $y_i = M\Delta Y_i$，$x_i = M\Delta X_i$，$f = M\Delta F$，$z_i = M\Delta e_i$，其中 $M = I_{T-1}$（只有截距的模型）或 $M = I_{T-1} - T^{-1}\iota\iota'$（含有趋势的模型）。则在式（2-42）两边左乘映射矩阵后得到 $y_i = x_i \beta_i + f\lambda_i + z_i$。在 $\dfrac{f'f}{(T-1)} = I_r$ 和 $\Lambda'\Lambda$ 为对角阵的约束下，得到上式的 OLS 估计量 $(\tilde{\beta}_i, \tilde{f}, \tilde{\Lambda})$，从而 $\tilde{z}_i = y_i - x_i\tilde{\beta}_i - \tilde{f}\tilde{\lambda}_i$。接着同上述方法构造统计量。

得到各截面的统计量后，可以标准化截面统计量的样本均值或合并单个统计量的 P 值来检验面板协整。作者也给出了各统计量的渐近分布。

Chang 和 Nguyen（2012）提出了基于适应性残差的统计量，即非线性工具变量 t 比率。

面板回归模型为：
$$y_{it} = x'_{it}\beta_i + u_{it} \qquad (2-43)$$

其中，y_{it} 和 x_{it} 分别为 1 维和 m_i 维的 $I(1)$ 变量。

定义适应性残差为：

$$\tilde{u}_{it} = y_{it} - x'_{it}\tilde{\beta}_{it} \tag{2-44}$$

其中，$\tilde{\beta}_{it}$ 为对 $s=1$，$\cdots$，t，$y_{is}=x'_{is}\beta_{is}+u_{is}$ 进行回归的估计量，即 $\tilde{\beta}_{it} = (\sum_{s=1}^{t} x_{is}x'_{is})^{-1} \sum_{s=1}^{t} x_{is}y_{is}$。

令 $\hat{u}_{it}$ 表示基于样本的普通回归残差，那么构造非线性工具变量（IV）t 比率的回归为：

$$\Delta\hat{u}_{it} = \alpha_i \tilde{u}_{it-1} + \sum_{k=1}^{p_i} \gamma_{ik} \Delta\hat{u}_{it-k} + \varepsilon_{it} \tag{2-45}$$

所使用的工具变量为 $(F(\tilde{u}_{it-1})$，$\Delta\hat{u}_{it-1}, \cdots, \Delta\hat{u}_{it-p_i})$，其中 $F(\tilde{u}_{it-1})$ 为 $\tilde{u}_{it-1}$ 的非线性转换函数，需满足一定的有效性条件。文中证明了，这样的非线性工具变量能够处理残差中的截面相关。

检验无协整的原假设等价于检验式（2-45）中的 $\alpha_i=0$。α_i 的非线性 IV 估计量为 $\tilde{\alpha}_i = \tilde{B}_{T_i}^{-1}\hat{A}_{T_i}$，其方差估计量为 $s^2(\tilde{\alpha}_i) = \hat{\sigma}_i^2 \tilde{B}_{T_i}^{-2} \tilde{C}_{T_i}$，其中定义 $\hat{\varpi}_{it} = (\Delta\hat{u}_{it-1}, \cdots, \Delta\hat{u}_{it-p_i})'$，

$$\hat{A}_{T_i} = \sum_{t=1}^{T_i} F(\tilde{u}_{it-1})\hat{\varepsilon}_{it} - \sum_{t=1}^{T_i} F(\tilde{u}_{it-1})\hat{\varpi}'_{it} \times \left(\sum_{t=1}^{T_i} \hat{\varpi}_{it}\hat{\varpi}'_{it}\right)^{-1} \times \sum_{t=1}^{T_i} \hat{\varpi}_{it}\hat{\varepsilon}_{it}$$

$$\tilde{B}_{T_i} = \sum_{t=1}^{T_i} F(\tilde{u}_{it-1})\tilde{u}_{it-1} - \sum_{t=1}^{T_i} F(\tilde{u}_{it-1})\hat{\varpi}'_{it} \times \left(\sum_{t=1}^{T_i} \hat{\varpi}_{it}\hat{\varpi}'_{it}\right)^{-1} \times \sum_{t=1}^{T_i} \hat{\varpi}_{it}\tilde{u}_{it-1}$$

$$\hat{\sigma}_i^2 = E\hat{\varepsilon}_{it}^2, \quad \tilde{C}_{T_i} = \sum_{t=1}^{T_i} F(\tilde{u}_{it-1})^2 - \sum_{t=1}^{T_i} F(\tilde{u}_{it-1})\hat{\varpi}'_{it} \times \left(\sum_{t=1}^{T_i} \hat{\varpi}_{it}\hat{\varpi}'_{it}\right)^{-1} \sum_{t=1}^{T_i} \hat{\varpi}_{it}F(\tilde{u}_{it-1})$$

进而构建的统计量：

$$\tau_i = \frac{\tilde{\alpha}_i}{s(\tilde{\alpha}_i)} = \frac{\hat{A}_{T_i}}{\hat{\sigma}_i \tilde{C}_{T_i}^{1/2}} \tag{2-46}$$

对于假设 H_0：对所有截面，$\alpha_i=0 \leftrightarrow H_1$：对某一截面，$\alpha_i<0$，所

使用的统计量为：

$$S = \frac{1}{\sqrt{N}} \sum_{i=1}^{N} \tau_i \text{ 或 } S_{\min} = \min_{1 \leq i \leq N} \tau_i \qquad (2-47)$$

对于假设 H_0：对 M 个截面（$M<N$），$\alpha_i = 0 \leftrightarrow H_1$：对所有截面，$\alpha_i < 0$，所使用的统计量为：

$$S_{\max} = \max_{1 \leq i \leq N} \tau_i \qquad (2-48)$$

根据文中的定理和推论，可以通过正态分布得到这些统计量的临界值。

二 基于系统的协整关系检验

Groen 和 Kleibergen（2003）构建 PVEC 模型

$$\boldsymbol{\Delta Y}_t = \begin{pmatrix} \Pi_1 & 0 & \cdots & 0 & 0 \\ 0 & \Pi_2 & \cdots & 0 & 0 \\ \vdots & \vdots & \ddots & \vdots & \vdots \\ 0 & 0 & \cdots & 0 & \Pi_N \end{pmatrix} \mathbf{Y}_{t-1} + \boldsymbol{\varepsilon}_t = \Pi_A \mathbf{Y}_{t-1} + \boldsymbol{\varepsilon}_t \qquad (2-49)$$

其中，Π_A 中的子矩阵 Π_i 为 $k \times k$ 阶，$Nk \times 1$ 阶向量 $\mathbf{Y}_{t-1} = (y'_{1t-1}, \cdots, y'_{Nt-1})$，$y_t$ 为 k 个 $I(1)$ 变量向量，$\boldsymbol{\varepsilon}_t \sim N(0, \boldsymbol{\Omega})$，$Nk \times Nk$ 阶非对角协方差矩阵 $\boldsymbol{\Omega} = \begin{pmatrix} \Omega_{11} & \cdots & \Omega_{1N} \\ \vdots & \ddots & \vdots \\ \Omega_{N1} & \cdots & \Omega_{NN} \end{pmatrix}$，$k \times k$ 阶子矩阵 $\Omega_{ij} \equiv \text{cov}(\eta_{it}, \eta_{jt}) \neq 0$，$i, j = 1, \cdots, N$。因而，本模型允许截面间存在即期反馈效应，即允许截面相关。

对式（2-49）施加约束：对所有截面，协整秩均相同，即 $\text{rank}(\Pi_i) = r$，$r < k$，于是得到：

$$\boldsymbol{\Delta Y}_t = \begin{pmatrix} \alpha_1 \boldsymbol{\beta}'_1 & 0 & \cdots & 0 & 0 \\ 0 & \alpha_2 \boldsymbol{\beta}'_2 & \cdots & 0 & 0 \\ \vdots & \vdots & \ddots & \vdots & \vdots \\ 0 & 0 & \cdots & 0 & \alpha_N \boldsymbol{\beta}'_N \end{pmatrix} \mathbf{Y}_{t-1} + \boldsymbol{\varepsilon}_t = \Pi_B \mathbf{Y}_{t-1} + \boldsymbol{\varepsilon}_t \qquad (2-50)$$

对式（2-50）施加约束：对所有截面，协整向量 $\boldsymbol{\beta}_i$ 均相同，

即 $\boldsymbol{\beta}_i = \boldsymbol{\beta}$,得到:

$$\Delta \mathbf{Y}_t = \begin{pmatrix} \boldsymbol{\alpha}_1 \boldsymbol{\beta}' & 0 & \cdots & 0 & 0 \\ 0 & \boldsymbol{\alpha}_2 \boldsymbol{\beta}' & \cdots & 0 & 0 \\ \vdots & \vdots & \ddots & \vdots & \vdots \\ 0 & 0 & \cdots & 0 & \boldsymbol{\alpha}_N \boldsymbol{\beta}' \end{pmatrix} \mathbf{Y}_{t-1} + \boldsymbol{\varepsilon}_t = \boldsymbol{\Pi}_C \mathbf{Y}_{t-1} + \boldsymbol{\varepsilon}_t \quad (2\text{-}51)$$

首先使用迭代广义矩估计(GMM)分别得到模型(2-49)的 $\hat{\boldsymbol{\Pi}}_A$ 和 $\hat{\boldsymbol{\Omega}} = \hat{\boldsymbol{\Omega}}(\hat{\boldsymbol{\Pi}}_A)$,模型(2-50)的 $\hat{\boldsymbol{\alpha}}_i$、$\hat{\boldsymbol{\beta}}_i$ 和 $\hat{\boldsymbol{\Omega}} = \hat{\boldsymbol{\Omega}}(\hat{\boldsymbol{\Pi}}_B)$,以及模型(2-51)的 $\hat{\boldsymbol{\alpha}}_i$、$\hat{\boldsymbol{\beta}}$ 和 $\hat{\boldsymbol{\Omega}} = \hat{\boldsymbol{\Omega}}(\hat{\boldsymbol{\Pi}}_C)$。

对于 $H_0: \boldsymbol{\Pi}_B \leftrightarrow H_1: \boldsymbol{\Pi}_A$,构造似然比统计量

$$LR(\boldsymbol{\Pi}_B \mid \boldsymbol{\Pi}_A) = T[\ln \mid \hat{\boldsymbol{\Omega}}(\hat{\boldsymbol{\Pi}}_B) \mid - \ln \mid \hat{\boldsymbol{\Omega}}(\hat{\boldsymbol{\Pi}}_A) \mid] \quad (2\text{-}52)$$

对于 $H_0: \boldsymbol{\Pi}_C \leftrightarrow H_1: \boldsymbol{\Pi}_A$,构造似然比统计量

$$LR(\boldsymbol{\Pi}_C \mid \boldsymbol{\Pi}_A) = T[\ln \mid \hat{\boldsymbol{\Omega}}(\hat{\boldsymbol{\Pi}}_C) \mid - \ln \mid \hat{\boldsymbol{\Omega}}(\hat{\boldsymbol{\Pi}}_A) \mid] \quad (2\text{-}53)$$

文中给出了各统计量的渐近分布,以及检验的拓展形式,如包含确定性成分的 PVEC 模型、加入高阶短期动态的 PVEC 模型等。

Breitung(2005)基于两步法估计量构造出 LM 型和 LR 型统计量也考虑了当期截面相关的问题。

令 $b = vec(B')$,$\tilde{X}_{it} = (I_r \otimes y_{it-1}^{(2)'})$,于是第二步回归模型可写为:

$$\tilde{z}_{it}^+ = \tilde{X}_{it} b + \tilde{v}_{it} \quad (2\text{-}54)$$

进一步,令 $\tilde{z}_t^+ = \begin{bmatrix} \tilde{z}_{1t}^+ \\ \vdots \\ \tilde{z}_{Nt}^+ \end{bmatrix}$,$\tilde{X}_t = \begin{bmatrix} \tilde{X}_{1t} \\ \vdots \\ \tilde{X}_{Nt} \end{bmatrix}$,$\tilde{v}_t = \begin{bmatrix} \tilde{v}_{1t} \\ \vdots \\ \tilde{v}_{Nt} \end{bmatrix}$,则混合回归可写为:

$$\tilde{z}_t^+ = \tilde{X}_t b + \tilde{v}_t \quad (2\text{-}55)$$

假定 $\tilde{v}_t$ 和 $\tilde{v}_s$($t \neq s$)渐近不相关,则对于固定的 N,b 的最小二乘估计量的渐近协方差矩阵的一致估计量为:

$$\tilde{V}_b = \left[\sum_{t=1}^{T} \tilde{X}_t' \tilde{X}_t \right]^{-1} \left[\sum_{t=1}^{T} E(\tilde{X}_t' \tilde{v}_t \hat{v}_t' \tilde{X}_t) \right] \left[\sum_{t=1}^{T} \tilde{X}_t' \tilde{X}_t \right]^{-1} \quad (2\text{-}56)$$

其中,$\tilde{v}_t$ 为回归(2-55)的残差向量。

在此基础上构建Breitung（2005）中未考虑截面相关的估计量。

Demetrescu和Tarcolea（2006）在误差修正模型上使用非线性工具变量进行协整检验，该方法能够克服截面相关的问题，同时也不需要外生变量等假设。

Westerlund（2007）提出4个基于误差修正模型的面板协整检验后，通过自举法解决了截面相关的问题。

Gengenbach等（2008）基于带有公共因子的条件误差修正模型提出两个统计量来检验无误差修正即无协整关系的原假设。

Carrion-i-Silvestre和Surdeanu（2009）提出了带有全局随机趋势的面板协整秩检验，该检验中仍然是使用公共因子模型来刻画截面相关。

第三节 结构变化的面板协整检验

Westerlund和Edgerton（2005）基于Schmidt和Phillips（1992）、Ahn（1993）及Amsler和Lee（1996）的单位根检验，提出了带有单个突变点的LM检验。检验原假设为所有截面都无协整，备择假设为对$i=1,\cdots,N_1$存在协整关系，而对$i=N_1+1,\cdots,N$，无协整关系。

Westerlund（2006a）基于Gregory和Hansen（1996）对于时间序列的研究，提出了针对各截面存在不同的单个未知水平突变情形的4个检验统计量来检验无协整的原假设和至少有一个截面协整的备择假设。

Noriega和Ventosa-Santaulària（2006）研究了当数据具有结构突变而不是纯$I(1)$过程时Engle-Granger协整t检验的渐近性质，发现此时该检验并不具有极限分布，而是发散的，而且蒙特卡洛模拟结果显示，检验可能向正无穷也可能向负无穷发散。

Westerlund（2006b）拓展了McCoskey和Kao（1998）的面板

LM 协整检验,使该方法能够检验各截面的截距和趋势项带有多个不同突变点的协整回归。DGP 为:

$$y_{it} = z'_{it}\gamma_{ij} + x'_{it}\beta_i + e_{it}$$
$$r_{it} = r_{it-1} + \phi_i u_{it}$$
$$x_{it} = x_{it-1} + v_{it}$$
$$e_{it} = r_{it} + u_{it} \quad (2-57)$$

其中,x_{it} 为 k 维自变量向量,z_{it} 为确定性成分向量,指标 $j=1,\cdots,M_i+1$ 代表结构突变,突变点分别位于 $T_{i1},\cdots,T_{iM_i}$,且 r_{i0} 设为 0。

假设面板截面间独立,检验原假设为对所有截面,$\phi_i = 0$,备择假设为对 $i=1,\cdots,N_1$,$\phi_i \neq 0$,而对 $i=N_1+1,\cdots,N$,$\phi_i = 0$(当 $N\to\infty$ 时,$\frac{N_1}{N}\to\delta$,$\delta\in(0,1]$)。

构建面板 LM 检验统计量:

$$Z(M) \equiv \sum_{i=1}^{N}\sum_{j=1}^{M_i+1}\sum_{t=T_{ij-1}+1}^{T_{ij}}(T_{ij}-T_{ij-1})^{-2}\hat{\omega}_{i1.2}^{-2}S_{it}^{2} \quad (2-58)$$

其中,$\hat{\omega}_{i1.2}^{2} = \hat{\omega}_{i11}^{2} - \hat{\omega}'_{i21}\hat{\Omega}_{i22}^{-1}\hat{\omega}_{i21}$,$\hat{\Omega}_i = T^{-1}\sum_{j=-k}^{k}\left(1-\frac{j}{k+1}\right)\sum_{t=j+1}^{T}\hat{w}_{it}\hat{w}'_{it-j}$,$\hat{w}_{it} = (\hat{e}_{it},v'_{it})'$,$\hat{e}_{it}$ 为 e_{it} 的 OLS 估计量,$S_{it} = \sum_{k=T_{ij-1}+1}^{t}\hat{e}_{ik}^{*}$,$\hat{e}_{ik}^{*}$ 为 e_{it} 的有效估计量。

该统计量渐近服从正态分布。

若断点未知,则首先根据 $\hat{T}_i = \underset{T_i}{\mathrm{argmin}}\sum_{j=1}^{M_i+1}\sum_{t=T_{ij-1}+1}^{T_{ij}}(y_{it}-z'_{it}\hat{\gamma}_{ij}-x'_{it}\hat{\beta}_i)^{2}$ 确定断点的位置,再使用信息准则估计出断点的个数。

Tam(2007)比较了截面独立下的 Banerjee 和 Carrion-i-Silvestre(2006)的 GH 型和 Westerlund 和 Edgerton(2006)的 LM 型面板协整检验,认为无论是检验水平、检验势还是断点估计的准确性,LM 型检验都优于 GH 型检验,并提出了先去趋势再检验的两步法来检验带有突变的协整关系。检验的原假设为无协整关系,备择假设为至少有一个截面协整。

Gutierrez（2009）利用 ADF^*、Z_α^* 和 Z_t^* 最小值的 P 值构造了三个统计量来检验带有不同突变结构的 5 个协整检验模型。

初始模型为：

$$y_{it} = \alpha_{1i} + x_{it}\beta_{1i} + D_{jt} + u_{it}, \quad x_{it} = x_{it-1} + \varepsilon_{it} \qquad (2-59)$$

其中，零均值误差向量 $w_{it} = (u_{it}, \varepsilon_{it})'$ 满足 $E(w_{it}w_{js}') = 0$（$i \neq j$），即截面独立。

根据 D_{jt}（$j=1, \cdots, 5$）取值的不同，分为以下 5 种模型：

模型 1：水平突变，$D_{1t} = \phi_{t\tau_i}\alpha_{2i}$；

模型 2：带时间趋势的水平突变，$D_{2t} = \phi_{t\tau_i}\alpha_{2i} + \theta_{1i}t$；

模型 3：水平和趋势突变，$D_{3t} = \phi_{t\tau_i}\alpha_{2i} + \theta_{1i}t + \phi_{t\tau_i}\theta_{2i}t$；

模型 4：水平和协整向量突变，$D_{4t} = \phi_{t\tau_i}\alpha_{2i} + \phi_{t\tau_i}x_{it}\beta_{2i}$；

模型 5：趋势和协整向量突变，$D_{5t} = \theta_{1i}t + \phi_{t\tau_i}\theta_{2i}t + \phi_{t\tau_i}x_{it}\beta_{2i}$。

其中，$\phi_{t\tau_i} = \begin{cases} 0, & t \leq [T\tau_i] \\ 1, & t > [T\tau_i] \end{cases}$，$\tau_i \in (0, 1)$，$[\cdot]$ 表示取整。

检验原假设为无协整关系，即 $u_t \sim I(1)$ 且 $\phi_{t\tau} = 0$，备择假设为存在一个突变的协整，即 $u_t \sim I(0)$ 且 $\phi_{t\tau} \neq 0$。

首先对模型 j 的每个截面计算：

$$ADF_{ji}^* = \underset{\tau_i \in (0, 1)}{\operatorname{argmin}} ADF_{ji}(\tau_i)$$

$$Z_{\alpha ji}^* = \underset{\tau_i \in (0, 1)}{\operatorname{argmin}} Z_{\alpha ji}(\tau_i)$$

$$Z_{tji}^* = \underset{\tau_i \in (0, 1)}{\operatorname{argmin}} Z_{tji}(\tau_i) \qquad (2-60)$$

其中，ADF 为 Gregory 和 Hansen（1996）提出的拓展统计量，Z_α 和 Z_t 为 Phillips 和 Ouliaris（1990）提出的统计量。

令 p_i 表示式（2-60）中统计量的渐近 P 值，则构建的统计量为

$$P_\lambda = -\frac{1}{\sqrt{N}} \sum_{i=1}^{N} (\ln(p_i) + 1)$$

$$Z = \frac{1}{\sqrt{N}} \sum_{i=1}^{N} \Phi^{-1}(p_i) \qquad (2-61)$$

◇ 截面相关下的变结构面板协整检验研究

$$L = \frac{1}{\sqrt{\pi^2 \frac{N}{3}}} \sum_{i=1}^{N} \ln\left(\frac{p_i}{1-p_i}\right)$$

其中，$\Phi(\cdot)$ 为标准正态累积分布函数。

在原假设下，当 $T, N \to \infty$ 时，所有统计量都渐近服从标准正态分布，而在备择假设下，$P_\lambda \to \infty$，$Z, L \to -\infty$。

第四节　截面相关下的变结构面板协整检验

这类研究也是面板协整检验理论未来发展的趋势。

Westerlund（2006c）在给出多个突变点的面板协整检验后，使用自举法处理了截面相关的问题。

Tam（2007）通过引入因子结构来考虑截面相关的问题。

Banerjee 和 Carrion-i-Silvestre（2006）首先结合 Pedroni（1999、2004）及 Gregory 和 Hansen（1996）的方法构造了基于残差的截面独立但结构变化的面板协整检验统计量。所考虑的模型为：

$$\Delta x_{it} = v_{it}$$
$$y_{it} = f_i(t) + x'_{it}\delta_{it} + e_{it}$$
$$e_{it} = \rho_i e_{it-1} + \varepsilon_{it} \qquad (2-62)$$
$$f_i(t) = \mu_i + \beta_i t + \theta_i DU_{it} + \gamma_i DT^*_{it}$$

其中，$DU_{it} = \begin{cases} 0, & t \leq T_{bi} \\ 1, & t > T_{bi} \end{cases}$，$DT^*_{it} = \begin{cases} 0, & t \leq T_{bi} \\ (t-T_{bi}), & t > T_{bi} \end{cases}$，$T_{bi} = \lambda_i T$，$\lambda_i \in \Lambda$。

注意，协整向量也可写成时间的函数，$\delta_{it} = \begin{cases} \delta_{i1}, & t \leq T_{bi} \\ \delta_{i2}, & t > T_{bi} \end{cases}$。

根据参数设定的不同，可分为以下 6 个模型：

模型1：带有常数项、水平突变和平稳协整向量，
$$y_{it} = \mu_i + \theta_i DU_{it} + x'_{it}\delta_i + e_{it} \qquad (2-63)$$

模型2：带有趋势项、水平突变和平稳协整向量，

$$y_{it} = \mu_i + \beta_i t + \theta_i DU_{it} + x'_{it}\delta_i + e_{it} \qquad (2\text{-}64)$$

模型3：带有水平突变、趋势突变和平稳协整向量，

$$y_{it} = \mu_i + \beta_i t + \theta_i DU_{it} + \gamma_i DT^*_{it} + x'_{it}\delta_i + e_{it} \qquad (2\text{-}65)$$

模型4：带有常数项、水平突变和协整向量突变，

$$y_{it} = \mu_i + \theta_i DU_{it} + x'_{it}\delta_{it} + e_{it} \qquad (2\text{-}66)$$

模型5：带有趋势项、水平突变和协整向量突变，

$$y_{it} = \mu_i + \beta_i t + \theta_i DU_{it} + x'_{it}\delta_{it} + e_{it} \qquad (2\text{-}67)$$

模型6：趋势和协整向量都发生突变，

$$y_{it} = \mu_i + \beta_i t + \theta_i DU_{it} + \gamma_i DT^*_{it} + x'_{it}\delta_{it} + e_{it} \qquad (2\text{-}68)$$

对模型1至模型6中的所有可能断点处进行OLS估计，得到估计残差（$\hat{e}_{it}(\lambda_i)$）后构建ADF型回归方程：

$$\Delta\hat{e}_{it}(\lambda_i) = \rho_i \hat{e}_{it-1}(\lambda_i) + \sum_{j=1}^{k} \phi_{ij} \Delta\hat{e}_{it-j}(\lambda_i) + \varepsilon_{it} \qquad (2\text{-}69)$$

计算相应的ADF统计量 $t_{\hat{\rho}_i}(\lambda_i)$ 或 $T\hat{\rho}_i(\lambda_i) = T\hat{\rho}_i(1-\hat{\phi}_{i1}-\cdots-\hat{\phi}_{ik})^{-1}$。根据 $\hat{T}_{bi} = \underset{\lambda_i \in \Lambda}{\operatorname{argmin}} t_{\hat{\rho}_i}(\lambda_i)$ 或 $\hat{T}_{bi} = \underset{\lambda_i \in \Lambda}{\operatorname{argmin}} T\hat{\rho}_i(\lambda_i)$ 来估计断点 $\hat{T}_{bi}$。随后，构建面板统计量：

$$N^{-1/2} Z_{\hat{t}_{\rho_{NT}}}(\hat{\lambda}) = N^{-1/2} \sum_{i=1}^{N} t_{\hat{\rho}_i}(\lambda_i), \quad N^{-1/2} Z_{\hat{\rho}_{NT}}(\hat{\lambda}) = N^{-1/2} \sum_{i=1}^{N} T\hat{\rho}_i(\lambda_i) \qquad (2\text{-}70)$$

来检验无协整关系的原假设。这两个统计量的极限分布都为正态分布。

对于面板中存在的截面相关，作者使用公共因子模型对其进行刻画，模型为：

$$y_{it} = f_i(t) + x'_{it}\delta_{it} + u_{it}$$
$$u_{it} = F'_t \pi_i + e_{it}$$
$$(1-L) F_t = C(L) w_t$$
$$(1-\rho_i L) e_{it} = H_i(L) \varepsilon_{it}$$
$$(1-L) x_{it} = G_i(L) v_{it} \qquad (2\text{-}71)$$

其中，F_t 为（$r \times 1$）阶公共因子向量，可以是 $I(0)$、$I(1)$ 或两者

的组合。

根据 Bai 和 Ng（2004）的主成分法得到估计的公共因子 $\widetilde{F}_t$ 和异质误差 $\widetilde{e}_{it}$。

对于异质误差 $\widetilde{e}_{it}$ 的无协整检验，等价于检验 ADF 型回归方程

$$\Delta\widetilde{e}_{it}(\lambda_i) = \alpha_{i0}\widetilde{e}_{it-1}(\hat{\lambda}_i) + \sum_{j=1}^{k}\alpha_{ij}\Delta\widetilde{e}_{it-j}(\hat{\lambda}_i) + \varepsilon_{it} \qquad (2-72)$$

中 $\alpha_{i0}=0$，所以使用伪 t 比率 ADF 统计量即可。

对于公共因子 $\widetilde{F}_t$ 的检验，当 $r=1$ 时，第一步，将 $\widetilde{F}_t$ 对确定性成分以及随机自变量进行回归，所得残差即为去势公共因子 $\widetilde{F}_t^d$；第二步，对 $\widetilde{F}_t^d$ 构建 ADF 型回归方程

$$\Delta\widetilde{F}_t^d = \delta_o\widetilde{F}_{t-1}^d + \sum_{j=1}^{k}\delta_j\Delta\widetilde{F}_{t-j}^d + u_t \qquad (2-73)$$

使用伪 t 比率 ADF 统计量检验 $\delta_o = 0$。当 $r>1$ 时，使用 Bai 和 Ng（2004）提出的统计量 MQ_c^d 和 MQ_f^d 进行检验。

使用异质误差项的单个 ADF 统计量来定义面板协整检验统计量 $N^{-1/2}Z_{\hat{t}_{NT}}^e(\lambda)$，构建方式同式（2-70），检验原假设为无协整关系。如果断点未知，则可通过使标准化的 $Z_{\hat{t}_{NT}}^e(\lambda)$ 达到最小的准则来估计断点。

面板统计量的极限分布仍然为正态分布。

Westerlund 和 Edgerton（2008）结合 Bai 和 Perron（1998）及 Bai 和 Ng（2004）中的方法构造出无协整关系的原假设下的 LM 统计量。

Di Iorio 和 Fachin（2010）基于最优协整残差构造了两个简易面板统计量来检验无协整关系的原假设，同时使用自举技术使检验对截面相关情形也稳定。

模型设定为：

$$y_{jt} = \begin{cases} \mu_{0j}+\beta_{0j}x_{jt}+\varepsilon_{jt}, & t \leqslant t_j^b \\ \mu_{1j}+\beta_{1j}x_{jt}+\varepsilon_{jt}, & t > t_j^b \end{cases} \qquad (2-74)$$

断点的估计是基于最小二乘准则，即

$$\hat{t}_j^b = \mathop{\mathrm{argmin}}_{t_j^b \in [\delta T,\ (1-\delta)T]} \Big(\sum_{t=1}^{T}\hat{\varepsilon}_{jt}^2(t_j^b)\Big) \qquad (2-75)$$

其中，$\hat{\varepsilon}_{jt}(\hat{t}_j^b)$ 为模型（2-74）在所有可能断点处的估计残差。

检验原假设为无协整关系，备择假设为存在协整关系，等价于检验最优协整残差的一阶自回归方程 $\hat{\varepsilon}_{jt}(\hat{t}_j^b) = \rho_j \hat{\varepsilon}_{jt-1}(\hat{t}_j^b) + v_{jt}$ 中的 $\rho_j = 1$，也就是检验 $H_0: \rho_j = 1 \leftrightarrow H_1: |\rho_j| < 1$。

检验方法如下：

（1）基于原数据 $\{y_{jt}, x_{jt}\}$ 估计模型（2-74）和断点 $\hat{t}_j^b$，得到每个截面的系数估计量 $\hat{\mu}_{rj}$，$\hat{\beta}_{rj}$（$r=0, 1$）和最优协整残差估计 $\{\hat{\varepsilon}_{jt}(\hat{t}_j^b)\}$。

（2）基于 $\{\hat{\varepsilon}_{jt}(\hat{t}_j^b)\}$ 构建无协整检验统计量 $\hat{\theta}_j$（通常为 ADF 和 Z 统计量）。

（3）根据备择假设，计算加和统计量，如：

$\hat{\theta}_{mean} = N^{-1} \sum_{i=1}^{N} \hat{\theta}_i$，$\hat{\theta}_{median} = median(\hat{\theta}_1, \cdots, \hat{\theta}_N)$；

（4）计算 $\hat{v}_{jt} = \hat{\varepsilon}_{jt}(\hat{t}_j^b) - \hat{\rho}_j \hat{\varepsilon}_{jt-1}(\hat{t}_j^b)$，其中 $\hat{\rho}_j$ 为 ρ_j 的一致估计。

（5）通过平稳自举法重新生成样本序列 $\{\hat{v}_{jt}\}$：

①通过几何分布（参数为 $\xi = \dfrac{1}{(1+B)}$，B 为平均分区长度）生成独立同分布的 $L_1, \cdots, L_T$；

②对每个 $t \in [1, T-1]$，令 $K_t = \inf\{k: L_1 + \cdots + L_T \geq t\}$，$M_t = L_1 + \cdots + L_{K_t}$；

③通过 $\{2, \cdots, T\}$ 的均匀分布生成独立同分布的 $m_1, \cdots, m_K$；

④对所有的 $t \in [1, K]$，设定 $v_t^* = \hat{v}_{[(m_{K_t} + (t - M_t)) \bmod (T-1)] + 2}$。

（6）根据 $\varepsilon_{jt}^* = \sum_{i=1}^{t} v_{ji}^*$ 得到服从原假设的伪残差 $\{\varepsilon_{jt}^*\}$。

（7）根据 $y_{jt}^* = \begin{cases} \hat{\mu}_{0j} + \hat{\beta}_{0j} x_{jt} + \varepsilon_{jt}^*, & t \leq \hat{t}_j^b \\ \hat{\mu}_{1j} + \hat{\beta}_{1j} x_{jt} + \varepsilon_{jt}^*, & t > \hat{t}_j^b \end{cases}$ 生成伪数据 $\{y_{jt}^*, x_{jt}\}$。

（8）使用伪数据对所有可能的断点 t_j^{b*} 估计模型（2-74），得到相应的残差 $\{\hat{\varepsilon}_{jt}^*(t_j^{b*})\}$；估计最优断点 $\hat{t}_j^{b*} = \operatorname{argmin}\left(\sum_{t=1}^{T} \hat{\varepsilon}_{jt}^{*2}(t_j^{b*})\right)$ 和最优协整残差 $\{\hat{\varepsilon}_{jt}^*(\hat{t}_j^{b*})\}$。

（9）计算单个无协整检验统计量 θ_j^*。

(10) 计算加和统计量 θ_h^* ($h = mean, median$)。

(11) 重复 (5) 至 (11) B 次。

(12) 计算统计量的自举显著性水平: $p(\theta)^* = prop(\theta_h^* < \theta_h)$。

第五节 本章小结

学术界对面板协整检验方法进行了广泛而深入的研究,本章系统地论述了面板协整检验的研究方法和现状。传统的面板协整检验主要分为两类:一类是基于估计残差的协整关系检验,另一类是基于系统的协整关系检验。截面相关下的面板协整检验也分为两类:一类是基于估计残差的协整关系检验,另一类是基于系统的协整关系检验。此外,本章还介绍了结构变化的面板协整检验和截面相关下的变结构面板协整检验。

第三章 基于 WE 法的截面相关下的变结构面板协整检验

对于面板协整检验的研究，大多数学者是在截面独立和结构稳定的假设下或放松了其中一个假定的条件下进行的，而在经济分析中任何一个假定的存在都是不符合实际情况的，从而未考虑结构突变和截面相关的检验必然会导致检验结果失真。本章所介绍的面板协整检验方法同时考虑了结构突变和截面相关。

由于 Westerlund 和 Egerton（2008）的 LM 方法较 Banerjee 和 Carrion-i-Silvestre（2006）、Di Iorio 和 Fachin（2010）在可行性和模型设定上有一定的优势，因而本章主要采用 Westerlund 和 Edgerton（2008）所提出的检验方法（简称 WE 法），将其检验模型拓展为六个，并给出相应的极限分布，使其既适用于含有时间趋势的模型，也能有效处理不含有时间趋势的模型。

第一节 模型设定与检验

一 理论模型

Westerlund 和 Edgerton（2007）指出，不同于基于系统的协整秩检验，基于残差的检验依赖于经济理论来提供协整变量集。然而，虽然经济理论可以很好地说明长期经济均衡关系，即协整关系，但却不能考虑到刻画实际数据生成过程的许多重要性质，如结构突变、确定性的时间趋势等。事实上，通常被认为是非平稳的经济变量，如 GDP、消费量、物价等，可以用带漂移项的非平稳过程很好地描述。所以，对于这些变量，除非协整向量抵消了随机和确定性趋势，否则检验回归中就应该含有时间趋势项。因而，本章所讨论的检验方程中含有趋势项。但也不排除非平稳变量的组合褪去了时间趋势，所以本章在 WE 法的基础上进行了完善，使检验能够应用于没有时间趋势的面板协整方程中。

本章通过使用不可观测的公共因子来刻画截面相关，因而考虑的数据生成过程（DGP）为：

$$y_{it} = f_i(t) + x_{it}'\delta_i + (D_{it}x_{it})'\gamma_i + u_{it} \tag{3-1}$$

$$x_{it} = x_{it-1} + v_{it} \tag{3-2}$$

$$u_{it} = \pi_i'F_t + e_{it} \tag{3-3}$$

$$F_{jt} = \kappa_j F_{jt-1} + w_{jt}, \quad j = 1, \cdots, r \tag{3-4}$$

$$\phi_i(L)\Delta e_{it} = \phi_i e_{it-1} + \varepsilon_{it} \tag{3-5}$$

其中，确定项 $f_i(t)$ 的一般函数形式为 $f_i(t) = \alpha_i + \beta_i t + \theta_i D_{it}$，$D_{it} = \begin{cases} 0, & t \leq T_i \\ 1, & t > T_i \end{cases}$，$T_i \triangleq \lfloor \lambda_i T \rfloor$[①]，$\lambda_i \in (0,1)$。$x_{it}$ 为 k 维自变量向量，$\phi_i(L) = 1 - \sum_{j=1}^{P_i} \phi_{ij} L^j$ 为滞后算子 L 的多项式，F_t 为 r 维不可观测的公共因子向量，π_i 为载荷参数向量。假定对所有的 j 有 $\kappa_j < 1$，那么 F_t 严格平稳，从而回归误差 u_{it} 的单整阶数只取决于异质扰动项 e_{it} 的单整阶数。因此，在该 DGP 中，若 $\phi_i < 0$，则方程（3-1）的协整关系存在；若 $\phi_i = 0$，则方程（3-1）为伪回归。

根据以上参数，可以有以下六种不同的模型设定：

模型 1：只含有截距的无突变模型，即

$$y_{it} = \alpha_i + x_{it}'\delta_i + u_{it} \tag{3-6}$$

[①] "≜" 表示定义式；$\lfloor x \rfloor$ 表示 x 的整数部分。

模型2：只含有截距的水平突变模型，即

$$y_{it}=\alpha_i+\theta_i D_{it}+x'_{it}\delta_i+u_{it} \qquad (3-7)$$

模型3：只含有截距的水平突变和协整向量突变模型，即

$$y_{it}=\alpha_i+\theta_i D_{it}+x'_{it}\delta_i+(D_{it}x_{it})'\gamma_i+u_{it} \qquad (3-8)$$

模型4：含有趋势的无突变模型，即

$$y_{it}=\alpha_i+\beta_i t+x'_{it}\delta_i+u_{it} \qquad (3-9)$$

模型5：含有趋势的水平突变模型，即

$$y_{it}=\alpha_i+\beta_i t+\theta_i D_{it}+x'_{it}\delta_i+u_{it} \qquad (3-10)$$

模型6：含有趋势的水平突变和协整向量突变模型，即

$$y_{it}=\alpha_i+\beta_i t+\theta_i D_{it}+x'_{it}\delta_i+(D_{it}x_{it})'\gamma_i+u_{it} \qquad (3-11)$$

本章的分析是基于以下假设：

假设1（误差过程）：

（1）ε_{it} 为零均值且序列不相关、截面独立，v_{it} 均值为零且截面独立；

（2）对所有的时间和截面，ε_{it} 和 v_{it} 都相互独立；

（3）$\sigma_i^2 \triangleq \text{var}(\varepsilon_{it})$ 正定，且 $\Omega_i \triangleq \text{lvar}(v_{it})$[①] 正定；

（4）对每个截面，当 $T\to\infty$ 时，ε_{it} 与 v_{it} 的局部和过程均满足不变原理（Invariance principle），即满足：

$$\frac{1}{\sqrt{T}}\sum_{t=1}^{\lfloor rT\rfloor}\varepsilon_{it}\Rightarrow\sigma_i W_i(s)\text{[②]} \qquad (3-12)$$

其中，$W_i(s)$ 为定义在 $s\in[0,1]$ 上的标准布朗运动。

假设2（公共因子）：

（1）w_{it} 也满足假设1(4)，且 $\text{var}(w_{it})$ 正定；

（2）对所有的时间和截面，w_{it} 独立于 ε_{it} 和 v_{it}；

（3）对于非随机向量 π_i，

[①] 对于零均值变量 x_t，短期方差为 $\text{var}(x_t)\triangleq E(x_t x'_t)$，长期方差为 $\text{lvar}(x_t)\triangleq \sum_{j=-\infty}^{\infty}E(x_t x'_{t-j})$。

[②] "$\Rightarrow$" 表示弱收敛。

$$\frac{1}{N}\sum_{i=1}^{N}\pi_i\pi_i' \xrightarrow{p} \Sigma_\Pi \quad \text{①} \tag{3-13}$$

其中，Σ_Π 为正定矩阵；

(4) 对所有 j，$\kappa_j < 1$。

假设3（结构突变）：$T_i \triangleq \lfloor \lambda_i T \rfloor$，其中 $\lambda_i \in (0, 1)$。

假设1（1）表明截面相关完全由公共因子来刻画，假定 ε_{it} 和 v_{it} 都是截面独立的，那么对于所有 $i \neq j$，有 $E(u_{it}u_{jt}) = \pi_i' \text{var}(F_t) \pi_j$，所以 u_{it} 是允许截面相关的，而且相关的程度取决于 π_i。假设1（2），说明 ε_{it} 和 v_{it} 相互独立，即自变量是严格外生的。Banerjee 和 Carrion-i-Silvestre(2006)指出自变量是严格外生的还是内生的有很明显的差别，因为在公共因子模型中，如果自变量是严格外生的，统计量的极限分布将不依赖于随机变量的个数，但如果 ε_{it} 和 v_{it} 相关，就得不到这样的结论，于是就需要使用考虑了内生自变量的方法，比如Stock 和 Watson(1993)提出的 DOLS 估计方法。但其实这个假定在本章的方法中不是必须的，因为若重新定义 $u_{it} = \pi_i' F_t + g_{it}$，其中 $g_{it} = v_{it}' \varsigma_i(L) + e_{it}$，而 $\varsigma_i(L) = \sum_{j=-q_i}^{p_i} \varsigma_{ij} L^j$ 为滞后算子 L 的 $k \times k$ 阶多项式，于是方程(3-1)可以重新写为：

$$y_{it} = f_i(t) + x_{it}' \delta_i + (D_{it} x_{it})' \gamma_i + \sum_{j=-q_i}^{p_i} (\Delta x_{it})' \varsigma_{ij} + u_{it} \tag{3-14}$$

由于 u_{it} 正交于 v_{it}，所以可以通过加入 Δx_{it} 的置前和滞后项来增广方程（3-1），从而解决了自变量的弱外生性，这也类似于 DOLS。但为了方便，下文还是假定自变量是严格外生的。假设1（3）表明 Ω_i 正定，也就意味着多元解释变量 x_{it} 之间不存在协整关系。假设1（4）是为推导渐近理论服务的。

假设2(1)和假设2(2)保证了公共因子的主成分估计是一致的。而且在假设2(4)下，假设2(1)和假设2(2)也确保了 F_t 的局部和也满足不变原理，从而 F_t 独立于异质误差 e_{it}，这些假定在因子分析

---

① "$\xrightarrow{p}$" 表示依概率收敛。

中较为典型。假设 2(3) 说明公共因子对 u_{it} 方差的贡献是显著的，另一方面也说明因子模型是可识别的。假设 2(4) 表明，因子是平稳的，从而检验时只需关注 e_{it} 的平稳性，然而简化检验并不是作出这个假定唯一的原因。事实上，如果没有该假定，下文所提出的统计量的渐近分布将依赖于冗余参数，而且甚至不再是正态的。

假设 3 保证了断点是可识别的，而且不会太过靠近样本的起点或末端。同时还需说明的是，这里所考虑的模型中并不包含趋势存在突变的情形，因为对于趋势突变的情形，本章所提出的统计量将依赖于断点的位置，正如 Banerjee 和 Carrion-i-Silvestre（2006）一样，这将减弱该检验的可用性和吸引力，所以本章只考虑截距和协整向量存在突变的情形，这也是一个约束。

二 统计量

检验的原假设为不存在协整关系，即 H_0：所有 N 个截面都是伪回归，备择假设为 H_1：前 N_1 个截面是协整的，剩下的 $N_0 = N - N_1$ 个截面是伪回归。下面将使用 LM 原理来进行检验。

合并的对数似然函数为

$$\log(L) = \text{constant} - \frac{T}{2}\sum_{i=1}^{N}\log(\sigma_i^2) + \frac{1}{2}\sum_{i=1}^{N}\frac{1}{\sigma_i^2}\sum_{t=1}^{T}\varepsilon_{it}^2 \qquad (3-15)$$

从而每个截面的得分向量（Score vector）为

$$\frac{\partial \log(L)}{\partial \phi_i} = \frac{1}{\hat{\sigma}_i^2}\sum_{t=2}^{T}(\Delta \hat{S}_{it} - \Delta \hat{S}_i)(\hat{S}_{it-1} - \hat{S}_i) \qquad (3-16)$$

其中，$\hat{\sigma}_i^2 = \frac{1}{T}\sum_{t=1}^{T}e_{it}^2$，$\hat{S}_{it}$ 的定义将在下面给出，$\Delta \hat{S}_i$ 和 $\hat{S}_i$ 分别为 $\Delta \hat{S}_{it}$ 和 $\hat{S}_{it-1}$ 的均值。式（3-16）中的得分向量与式（3-17）中的 ϕ_i 的最小二乘估计量的分子成正比。

$$\Delta \hat{S}_{it} = \text{constant} + \phi_i \hat{S}_{it-1} + \mu_{it} \qquad (3-17)$$

因而，对单个截面检验无协整的原假设等价于检验原假设 $\phi_i = 0$，而检验 $\phi_i = 0$ 可以使用基于 ϕ_i 的最小二乘估计量构造的统计量或其 t 统计量。从而检验如下。

首先，估计方程（3-1）的差分形式（以模型6为例）

$$\Delta y_{it} = \beta_i + \theta_i \Delta D_{it} + (\Delta x_{it})'\delta_i + \Delta(D_{it}x_{it})'\gamma_i + \Delta u_{it} \tag{3-18}$$

得到各系数的最小二乘估计量 $\hat{\beta}_i$，$\hat{\theta}_i$，$\hat{\delta}_i$，$\hat{\gamma}_i$，以及残差 $\Delta\hat{u}_{it}$。从而 α_i 的受约束极大似然估计为 $\hat{\alpha}_i = y_{i1} - \hat{\beta}_i - \hat{\theta}_i D_{i1} - x'_{i1}\hat{\delta}_i - (D_{i1}x_{i1})'\hat{\gamma}_i$。

其次，采用主成分法估计截面公共因子 F_t 和载荷向量 π_i。对方程（3-3）进行差分得：

$$\Delta u_{it} = \pi'_i \Delta F_t + \Delta e_{it} \tag{3-19}$$

由于 Δu_{it} 未知，故用式（3-18）估计残差进行替代。ΔF_t 的主成分估计可以通过计算 $(T-1)\times(T-1)$ 阶矩阵 $\Delta\hat{u}(\Delta\hat{u})'$ 前 r 个最大特征值所对应的特征向量得到，于是估计的载荷向量为：

$$\hat{\Pi} = \frac{(\Delta\hat{F})'\Delta\hat{u}}{T-1} \tag{3-20}$$

估计的公共因子为

$$\hat{F}_t = \sum_{j=2}^{t} \Delta\hat{F}_j \tag{3-21}$$

由此可以得到式（3-16）中 $\hat{s}_{it}$ 的表达式：

$$\hat{s}_{it} = y_{it} - \hat{\alpha}_i - \hat{\beta}_i t - \hat{\theta}_i D_{it} - x'_{it}\hat{\delta}_i - (D_{it}x_{it})'\hat{\gamma}_i - \hat{\pi}'_i \hat{F}_t \tag{3-22}$$

为了消除序列相关，将辅助回归式（3-17）增广为下列形式：

$$\Delta \hat{S}_{it} = \text{constant} + \phi_i \hat{S}_{it-1} + \sum_{j=1}^{p_i} \phi_{ij} \Delta \hat{S}_{it-j} + \mu_{it} \tag{3-23}$$

通过估计方程（3-23）来构造统计量。定义：

（1）$LM_\rho(i) \triangleq T\hat{\phi}_i\left(\dfrac{\hat{\omega}_i}{\hat{\sigma}_i}\right)$ \hfill (3-24)

其中，$\hat{\phi}_i$ 是式（3-23）中 ϕ_i 的最小二乘估计量，$\hat{\sigma}_i$ 为式（3-23）的估计标准误，$\hat{\omega}_i \triangleq \dfrac{1}{T-1}\sum_{j=-M_i}^{M_i}\left(1-\dfrac{j}{M_i+1}\right)\hat{\xi}_j$，$M_i$ 是核带宽参数，对 $j\geq 0$，$\hat{\xi}_j = \sum_{t=j+1}^{T}\Delta\hat{S}'_{it}\Delta\hat{S}_{it-j}$；而对 $j<0$，$\hat{\xi}_j = \hat{\xi}_{-j}$[①]。

---

① 靳云汇等：《高级计量经济学》（下册），北京大学出版社2011年版，第386页。

第三章
基于 WE 法的截面相关下的变结构面板协整检验

（2） $LM_\tau(i) \triangleq \dfrac{\hat{\phi}_i}{SE(\hat{\phi}_i)}$ （3-25）

其中，$SE(\hat{\phi}_i)$ 为 $\hat{\phi}_i$ 的估计标准误。

令 $j \in \{\rho, \tau\}$，则构造的面板统计量为：

$$\overline{LM_j}(N) \triangleq \frac{1}{N}\sum_{i=1}^{N} LM_j(i) \qquad (3-26)$$

对于统计量 $\overline{LM_j}(N)$，需要做以下几点说明：

第一，$\hat{\alpha}_i$ 实际是 $\tilde{\alpha}_i = \alpha_i + u_{i0}$ 的极大似然估计，而在原假设下，α_i 和 u_{i0} 不能分别识别出来，因而本章实际估计的是 $\tilde{\alpha}_i$，而不是 α_i，在大样本下该方法不失一般性。由于总体截距为零，式（3-23）应该不含有截距项，但正如 Ahn（1993）指出的，因为 α_i 和 u_{i0} 不能识别，在小样本下，$\hat{\alpha}_i$ 可能是有偏的，也就是说 $\hat{S}_{it}$ 也可能是有偏的。为了缓解这一问题，本章在式（3-23）中加入了截距项①。

第二，与 Schmidt 和 Phillips（1993）的单位根研究一样，本章用以计算 $\hat{S}_{it}$ 的参数是从差分方程（3-18）估计出来的，而不是从水平方程（3-1）。显然，当 y_{it} 和 x_{it} 非平稳时，它们水平值的回归很可能就是非平稳的，此时回归估计的参数并不能收敛到常数，相反是渐近随机的。而基于差分数据的回归能有效降低这种随机性，从而简化 $\overline{LM_j}(N)$ 的渐近性质。而且主成分估计也是基于式（3-3）的差分形式，Bai 和 Ng（2004）认为，当异质误差平稳时，公共因子和因子载荷的主成分估计都是一致的，而当异质误差存在单位根时，即使公共因子是可观测的，对公共因子的回归也是伪回归，而且因子载荷和异质误差的估计都不一致，因而应该将主成分法应用到一阶差分数据上。

第三，关于式（3-23）中滞后长度 p_i 的选择，本章采用 Campbell 和 Perron（1991）所使用的方法，即根据式（3-23）的每个滞后参数 ϕ_{ij} 的显著性来决定滞后阶数。

---

① Joakim Westerlund and David L. Edgerton, "New Improved Tests for Cointegration with Structural Breaks", *Journal of Time Series Analysis*, Vol. 28, No. 2, February 2007, p. 192.

第四，对于断点的估计，这里采用 Bai 和 Perron（1998）的策略，对每个截面先估计差分方程（3-18），使其残差平方和达到最小的断点即为断点的估计，即

$$\hat{\lambda}_i = \underset{0 < \lambda_i < 1}{\operatorname{argmin}} \frac{1}{T-1} \sum_{t=2}^{T} (\Delta \hat{u}_{it})^2 \qquad (3-27)$$

第五，对于公共因子个数 r 的估计，这里采用 Bai 和 Ng（2004）推荐的最小化以下信息准则的方法来确定，即

$$\hat{r} = \underset{k=0,\cdots,k_{\max}}{\operatorname{argmin}} \left[\log(\hat{\sigma}^2(k)) + k\log\left(\frac{NT}{N+T}\right)\frac{N+T}{NT} \right] \qquad (3-28)$$

其中，$\hat{\sigma}^2(k) = \frac{1}{NT}\sum_{i=1}^{N}\sum_{t=2}^{T}(\Delta \hat{u}_{it} - \hat{\pi}_i' \hat{F}_t)^2$。

第六，模型的选择直接关系到检验的结果，对于时间序列，可以使用 Wald 统计量或 F 统计量来检验系数是否受约束，但本章的 6 个模型中，除模型 1 和模型 4 可以用面板 F 检验来检验外，其余的模型都不可以，因为模型允许各截面的突变点各不相同，这样各模型的虚拟变量各不相同，从而各检验模型的自变量是不一样的。于是本章考虑使用信息准则，但由于目前关于面板模型的信息准则没有统一的定义，所以本章将对估计式（3-18）使用拓展的 SIC 准则①，以选择面板模型的形式。所使用的准则为：

$$SIC^* = \frac{k}{NT}\ln(NT) + \ln\left(\frac{RSS}{NT}\right) \qquad (3-29)$$

其中，$RSS = \sum_{i=1}^{N} RSS_i$，k 为待估参数的个数，N 为截面的个数，T 为时间的长度，RSS_i 为每个截面估计的残差平方和。下文会给出该准则的模拟结果。

三 渐近性质

下面将结合模型和假设给出统计量的渐近分布。首先，本章给出部

---

① 本准则基于 $SIC = \frac{k}{n}\ln(n) + \ln\left(\frac{RSS}{n}\right)$，详见［美］达摩达尔·N. 古扎拉蒂：《计量经济学基础》（第四版），费剑平、孙春霞等译，中国人民大学出版社 2005 年版，第 502 页。

分符号说明。$W_i(s)$ 为定义在 $s\in[0,1]$ 上的标准布朗运动(Standard Brownian motion)，$W_i^u(s) \triangleq W_i(s) - \int_0^1 W_i(r)dr$ 为中心化标准布朗运动 (Demeaned standard Brownian motion)，$V_i(s) \triangleq W_i(s) - sW_i(1)$ 为标准布朗桥(Standard Brownian bridge)，$V_i^-(s) \triangleq V_i(s) - \int_0^1 V_i(r)dr$ 为中心化标准布朗桥(Demeaned standard Brownian bridge)，$U_\rho(i) \triangleq \dfrac{\{[W_i^u(1)]^2 - [W_i^u(0)]^2 - 1\}}{2\int_0^1 W_i^u(s)^2 ds}$，$U_\tau(i) \triangleq \dfrac{\{[W_i^u(1)]^2 - [W_i^u(0)]^2 - 1\}}{2\sqrt{\int_0^1 W_i^u(s)^2 ds}}$，$B_\rho(i) \triangleq -\left(2\int_0^1 V_i^-(s)^2 ds\right)^{-1}$，$B_\tau(i) \triangleq -\left(4\int_0^1 V_i^-(s)^2 ds\right)^{-\frac{1}{2}}$。

当截面独立时，根据标准中心极限定理，$\sqrt{N}$ 倍的统计量截面平均值将依分布收敛于一个正态变量。

定理 3.1 将表明，若 $N, T \to \infty$，$\dfrac{N}{T} \to 0$，那么公共因子的影响就可以渐近忽略。

定理 3.1：在原假设和假设 1 至假设 3 下，当 $N, T \to \infty$，$\dfrac{N}{T} \to 0$ 时，

（1）对于只含有截距项的模型，即模型 1、模型 2、模型 3，

$$Z_j(N) \triangleq \sqrt{N}\left(\overline{LM_j}(N) - \mathrm{E}(U_j)\right) \Rightarrow N\left(0, \mathrm{var}(U_j)\right) \quad (3-30)$$

（2）对于含有趋势项的模型，即模型 4、模型 5、模型 6，

$$Z_j(N) \triangleq \sqrt{N}\left(\overline{LM_j}(N) - \mathrm{E}(B_j)\right) \Rightarrow N\left(0, \mathrm{var}(B_j)\right) \quad (3-31)$$

定理 3.2：在备择假设和假设 1 至假设 3 下，当 $N, N_1, T \to \infty$，$\dfrac{N}{T} \to 0$ 且 $\dfrac{N_1}{N} \to \delta > 0$ 时，$Z_j(N) \to \infty$.

对于定理需做以下说明：

第一，**定理 3.1** 和**定理 3.2** 的证明见本书附录 A。

第二，显然，使用新统计量前须先得到 U_j 和 B_j 的均值和方差。通

过模拟 100000 个 $T=10000$ 的随机游走，经过计算可得 $E(U_\rho)$ 和 var(U_ρ) 分别为 -1.5344 和 0.7076，$E(U_\tau)$ 和 var(U_τ) 分别为 -5.3748 和 20.2928，$E(B_\rho)$ 和 var(B_ρ) 分别为 -1.9696 和 0.3319，$E(B_\tau)$ 和 var(B_τ) 分别为 -8.4308 和 25.8159。

第三，由于 $T^{-1/2}\hat{S}_{it}$ 的极限并不取决于自变量，所以 $LM_j(i)$ 的极限也不受自变量个数的影响。同理，原假设的渐近分布也不受断点的影响。Westerlund 和 Edgerton（2007）也指出，由于 $T^{-1/2}D_{it}$ 会渐近消失，所以忽视截距上的断点并不会影响 $T^{-1/2}\hat{S}_{it}$，从而也不会影响检验的渐近分布。但问题是忽略断点或断点的误置会使检验偏向于接受原假设，因此，即使断点不会影响原假设下的渐近分布，但是会致使检验势降低，这也是需要考虑断点的原因。

第四，在证明过程中，本章只给出了断点已知的情形。如果断点是未知的，结论是否仍然成立呢？Westerlund 和 Edgerton（2007）作出了证明，他们认为 $\gamma_i = O(T^{-v})$，其中 $v>0$ 就足以消除由于使用的是估计断点而不是真实断点而造成的渐近偏差[①]。

第二节 蒙特卡洛模拟

假设数据生成过程为式（3-1）至式（3-5），为简便起见，参数设定如下。设 $\alpha_i = \delta_i = \phi_i(L) = 1$，$\beta_i$、$\theta_i$、$\gamma_i$ 和 ϕ_i 对所有截面都相同，$\phi_i = \{0, -0.05, -0.1\}$，$\Delta x_{it}$、$\pi_i$、$F_t$、$\varepsilon_{it}$ 为来自标准正态分布的标量，断点在样本中点处。

对于模型 1，$\beta_i = \theta_i = \gamma_i = 0$；对于模型 2，$\beta_i = \gamma_i = 0$，$\theta_i = 5$；对于模型 3，$\beta_i = 0$，$\theta_i = \gamma_i = 5$；对于模型 4，$\beta_i = 1$，$\theta_i = \gamma_i = 0$；对于模型

[①] Joakim Westerlund and David L. Edgerton, "New Improved Tests for Cointegration with Structural Breaks", *Journal of Time Series Analysis*, Vol. 28, No. 2, February 2007, p. 199.

5，$\beta_i = 1$，$\theta_i = 5$，$\gamma_i = 0$；对于模型 6，$\beta_i = 1$，$\theta_i = \gamma_i = 5$。

本节生成 5000 个时间维度为 $T+100$ 的面板数据，其中前 100 个数据将被丢弃以降低初值效应，所有的初值都设为 0。设定最大滞后阶数 $p_{max} = 6$，最大公共因子个数 $r_{max} = 5$，带宽 $M_i = ceil\left(4\left(\frac{T}{100}\right)^{\frac{2}{9}}\right)$①。为了避免断点在样本的末端，设定截断为 0.1，即 $0.1 \leq \lambda_i \leq 0.9$。除非说明，否则以下所有的计算工作都是由 GAUSS 软件完成。

一 检验水平和检验势

表 3-1 给出了水平为 5% 的检验水平，表 3-2 和表 3-3 分别为 $\phi_i = -0.05$ 和 $\phi_i = -0.1$ 的检验势。由于检验在不同水平下有不同的性质，所以本节将所有检验势按 5% 水平进行调整。

从表 3-1、表 3-2 和表 3-3 可以得出结论：

首先，从检验水平来看，①$Z_\tau(N)$ 要优于 $Z_\rho(N)$；②在不同检验形式中，基于断点和公共因子真值的检验水平较好，基于两者估计值的检验水平与基于真值的检验水平基本接近；③忽视公共因子的检验会导致严重的尺度扭曲；④忽视断点的检验对检验水平没有很大的影响。

其次，从检验势来看，①当 T 越来越大或 ϕ_i 越来越远离 0 时，检验势也越来越大，当 $T = 150$，$\phi_i = -0.1$，检验势基本已经达到 1；②在斜率存在突变的模型（模型 3 和模型 6）中，忽视断点或同时忽略两者的检验势很低，只与检验水平接近，这样几乎很难拒绝原假设，同时也说明，错误地忽略断点会降低检验势；③基于断点和公共因子真值的检验势是最高的，基于两者估计值的检验势与基于真值的检验势基本接近。

---

① $ceil(x)$ 表示比 x 小的最大整数。

表 3-1　　　　　　　　　检验水平 ($N=20$)　　　　　　　单位: %

模型	T	\multicolumn{5}{c}{$Z_\tau(N)$}	\multicolumn{5}{c}{$Z_\rho(N)$}
		$(\hat{\lambda}_i,\hat{r})$	$(\hat{\lambda}_i,0)$	$(0,\hat{r})$	$(0,0)$	(λ_i,r)	$(\hat{\lambda}_i,\hat{r})$	$(\hat{\lambda}_i,0)$	$(0,\hat{r})$	$(0,0)$	(λ_i,r)
1	100	5.80	28.10	5.80	28.10	5.80	10.90	51.00	10.90	51.00	10.90
	150	5.20	33.20	5.20	33.20	5.20	8.90	52.80	8.90	52.80	8.90
2	100	5.80	16.30	6.50	14.50	6.20	10.20	33.10	11.40	31.90	10.90
	150	5.00	22.00	5.40	21.70	5.30	8.20	38.10	9.90	39.50	9.60
3	100	6.80	24.80	6.80	0.00	6.90	11.40	45.70	15.60	0.10	11.50
	150	5.80	29.80	5.80	0.00	5.60	8.90	48.50	14.50	0.40	9.10
4	100	4.30	42.20	4.30	42.20	4.30	7.30	55.10	7.30	55.10	7.30
	150	4.70	57.30	4.70	57.30	4.70	7.20	62.40	7.20	62.40	7.20
5	100	4.20	26.40	4.60	31.40	4.30	8.00	36.90	7.50	43.00	7.20
	150	4.60	41.70	4.90	48.50	4.60	6.90	45.50	7.70	53.60	7.40
6	100	4.40	38.40	6.30	0.20	4.30	7.50	50.10	10.70	0.80	7.50
	150	4.90	52.20	7.70	0.40	5.10	7.60	57.10	11.00	0.90	7.90

注: (1) 显著性水平为5%; (2) (a,b)表示检验时所选择的断点和公共因子的形式, $(\hat{\lambda}_i,\hat{r})$表示检验基于两者的估计值, $(\hat{\lambda}_i,0)$表示检验时只估计了断点, $(0,\hat{r})$表示检验时只估计了公共因子个数, $(0,0)$表示检验时两者都没有估计, (λ_i,r)表示检验基于两者的真值。

表 3-2　　　　　　　修正检验势 ($N=20$, $\phi_i=-0.05$)　　　　　单位: %

模型	T	\multicolumn{5}{c}{$Z_\tau(N)$}	\multicolumn{5}{c}{$Z_\rho(N)$}
		$(\hat{\lambda}_i,\hat{r})$	$(\hat{\lambda}_i,0)$	$(0,\hat{r})$	$(0,0)$	(λ_i,r)	$(\hat{\lambda}_i,\hat{r})$	$(\hat{\lambda}_i,0)$	$(0,\hat{r})$	$(0,0)$	(λ_i,r)
1	100	80.80	83.70	80.80	83.70	80.80	93.20	89.70	93.20	89.70	93.20
	150	99.50	99.60	99.50	99.60	99.50	100.00	99.90	100.00	99.90	100.00
2	100	56.80	63.70	72.40	31.00	77.50	77.50	74.20	89.00	32.80	91.70
	150	92.00	93.30	98.80	72.70	99.10	97.70	96.70	99.80	73.60	99.80

续表

模型	T	$Z_\tau(N)$					$Z_\rho(N)$				
		$(\hat{\lambda}_i,\hat{r})$	$(\hat{\lambda}_i,0)$	$(0,\hat{r})$	$(0,0)$	(λ_i,r)	$(\hat{\lambda}_i,\hat{r})$	$(\hat{\lambda}_i,0)$	$(0,\hat{r})$	$(0,0)$	(λ_i,r)
3	100	73.40	73.10	6.90	5.80	74.50	88.30	83.30	7.70	6.20	89.50
	150	98.80	98.40	9.10	4.50	98.90	99.90	99.20	9.30	5.20	99.90
4	100	42.90	31.20	42.90	31.20	42.90	46.40	33.80	46.40	33.80	46.40
	150	86.00	73.30	86.00	73.30	86.00	87.20	76.20	87.20	76.20	87.20
5	100	34.20	29.80	39.60	25.40	41.10	34.90	30.30	40.20	26.10	42.10
	150	75.40	65.10	84.60	58.20	85.30	75.10	67.80	84.70	60.00	87.00
6	100	36.90	29.70	6.60	5.70	38.20	40.60	32.90	6.70	6.20	41.10
	150	98.80	98.40	9.10	4.50	98.90	99.90	99.20	9.30	5.20	99.90

注：表中符号的解释见表3-1。

以上结论与 Westerlund 和 Edgerton（2008）基本一致。同时从本节的模拟中还可以看出：①同时忽略公共因子和断点也必然会导致严重的尺度扭曲；②对于截距存在突变的模型（模型2和模型5），虽然忽略公共因子或忽略断点对检验势的影响不大，但同时忽略两者会导致检验势大幅下降。综上所述，在进行检验时应该同时考虑突变和截面相关。

表3-3　　　　　　修正检验势（$N=20$，$\phi_i=-0.1$）　　　　　单位：%

模型	T	$Z_\tau(N)$					$Z_\rho(N)$				
		$(\hat{\lambda}_i,\hat{r})$	$(\hat{\lambda}_i,0)$	$(0,\hat{r})$	$(0,0)$	(λ_i,r)	$(\hat{\lambda}_i,\hat{r})$	$(\hat{\lambda}_i,0)$	$(0,\hat{r})$	$(0,0)$	(λ_i,r)
1	100	99.80	99.90	99.80	99.90	99.80	100.00	100.00	100.00	100.00	100.00
	150	100.00	100.00	100.00	100.00	100.00	100.00	100.00	100.00	100.00	100.00
2	100	90.40	94.30	99.10	44.50	99.50	98.90	98.50	100.00	45.40	100.00
	150	99.70	99.90	100.00	92.80	100.00	100.00	100.00	100.00	99.30	100.00

续表

模型	T	$Z_\tau(N)$					$Z_\rho(N)$				
		$(\hat{\lambda}_i,\hat{r})$	$(\hat{\lambda}_i,0)$	$(0,\hat{r})$	$(0,0)$	(λ_i,r)	$(\hat{\lambda}_i,\hat{r})$	$(\hat{\lambda}_i,0)$	$(0,\hat{r})$	$(0,0)$	(λ_i,r)
3	100	98.70	98.20	8.10	5.20	98.90	100.00	99.50	9.40	6.20	100.00
	150	100.00	100.00	9.60	4.30	100.00	100.00	100.00	12.00	5.40	100.00
4	100	94.50	86.20	94.50	86.20	94.50	98.20	93.00	98.20	93.00	98.20
	150	100.00	100.00	100.00	100.00	100.00	100.00	100.00	100.00	100.00	100.00
5	100	83.30	79.30	92.00	65.10	93.50	89.30	85.10	96.50	71.80	97.20
	150	99.70	99.50	100.00	97.00	100.00	99.90	99.90	100.00	98.60	100.00
6	100	90.10	81.60	9.10	6.30	91.00	95.80	90.10	9.80	6.30	96.40
	150	100.00	100.00	9.60	4.30	100.00	100.00	100.00	12.00	5.40	100.00

注：表中符号的解释见表 3-1。

二 模型误设的后果

在理论部分，本章证明了带有趋势项和不带有趋势项的模型所对应的统计量具有不同的渐近分布。如果不考虑模型的形式而直接检验，必然会导致误设。下文将通过蒙特卡洛模拟方法模拟出由于误设而造成的后果。

从实证水平（见表 3-4）可以看出，如果数据生成过程（DGP）中包含了时间趋势，而检验模型误设成没有趋势，那么会造成严重的水平扭曲。比如，DGP 为模型 4，而估计模型为模型 1，检验水平将会上升到 63.6%（$T=150$），同样，用模型 2 来估计 DGP 为模型 5 或用模型 3 来估计 DGP 为模型 6 都会导致检验水平大幅上升。而从检验势（见表 3-5）来看，如果 GDP 中不包含时间趋势，而检验模型中包含，那么检验势将下降。例如，DGP 为模型 1，而估计模型为模型 4，检验势将下降，同样，用模型 5 来估计 DGP 为模型 2 或用模型 6 来估计 DGP 为模型 3，检验势也会下降。同时，模拟结果还显示出，当 DGP 为截距和斜率都存在突变的模型，而估计模型中不含有突变或只有截距存在突变时，也会致使检验势严重失真，因而模型的选择很重要。

表 3-4　　　　　模型估计的实证水平（$N=20$）　　　　单位：%

$Z_\tau(N)$

DGP：Model 1

T	Model 1	Model 2	Model 3	Model 4	Model 5	Model 6
100	**5.80**	5.90	5.90	4.70	4.20	4.50
150	**5.20**	4.90	5.70	4.40	3.90	4.30

DGP：Model 2

T	Model 1	Model 2	Model 3	Model 4	Model 5	Model 6
100	6.40	**5.80**	5.50	4.80	4.40	4.40
150	6.20	**5.00**	4.90	4.20	4.40	4.30

DGP：Model 3

T	Model 1	Model 2	Model 3	Model 4	Model 5	Model 6
100	6.40	6.10	**6.80**	6.80	4.20	4.60
150	5.20	6.20	**5.80**	7.20	4.40	4.80

DGP：Model 4

T	Model 1	Model 2	Model 3	Model 4	Model 5	Model 6
100	64.30	53.00	47.00	**4.30**	3.90	4.90
150	63.60	54.30	50.80	**4.70**	4.60	4.30

DGP：Model 5

T	Model 1	Model 2	Model 3	Model 4	Model 5	Model 6
100	43.00	59.10	56.10	4.80	**4.20**	4.70
150	48.20	57.70	56.00	5.10	**4.60**	4.80

DGP：Model 6

T	Model 1	Model 2	Model 3	Model 4	Model 5	Model 6
100	20.50	20.20	61.30	6.40	3.90	**4.40**
150	22.50	21.00	63.20	7.40	4.50	**4.90**

注：显著性水平为5%。

表 3-5　　　　　模型估计的实证修正检验势（$N=20$）　　　　单位：%

$Z_\tau(N)$

DGP：Model 1

T	Model 1	Model 2	Model 3	Model 4	Model 5	Model 6
100	**99.80**	76.30	76.50	94.20	76.00	70.60
150	**100.00**	98.20	97.60	100.00	99.40	98.80

DGP：Model 2

T	Model 1	Model 2	Model 3	Model 4	Model 5	Model 6
100	99.40	**90.40**	87.30	92.50	83.30	78.50
150	100.00	**99.80**	99.30	100.00	99.70	99.40

DGP：Model 3

T	Model 1	Model 2	Model 3	Model 4	Model 5	Model 6
100	8.90	6.50	**98.70**	12.50	8.20	89.30
150	9.50	9.10	**100.00**	15.10	9.00	100.00

DGP：Model 4

T	Model 1	Model 2	Model 3	Model 4	Model 5	Model 6
100	99.70	87.90	81.10	**94.50**	76.30	70.10
150	100.00	98.70	97.10	**100.00**	99.30	99.00

DGP：Model 5

T	Model 1	Model 2	Model 3	Model 4	Model 5	Model 6
100	93.30	95.60	92.50	92.50	**83.30**	77.70
150	99.90	98.40	97.20	100.00	**99.70**	99.60

DGP：Model 6

T	Model 1	Model 2	Model 3	Model 4	Model 5	Model 6
100	19.20	18.40	99.10	12.30	8.40	**90.10**
150	28.90	25.80	100.00	15.20	8.90	**99.90**

注：显著性水平为 5%；$\phi_i=-0.1$。

三　SIC^* 准则模拟结果

下文将对 SIC^* 进行模拟，以检验该准则的实用性。参数设定仍然与上文一致，表 3-6 是在 5000 次模拟中模型选择正确的比率。

由表 3-6 的结果可以看出，当模型中存在突变时，该准则能够准确地选出恰当的模型,但当模型中不存在时,正确率有所降低,但仍在60%以上,且只易被判定为相应的截距上有突变的模型,与模型中是否存在趋势项无关。同时,当准则断定结果为模型3或模型6时,基本可以断定模型选择是正确的。故本节认为能够使用该准则来进行模型选择。

表3-6　　　　　　　　　SIC^* 模拟结果

模型	1	2	3	4	5	6
1	0.68	0.01	0.00	0.00	0.00	0.00
2	0.33	0.99	0.00	0.00	0.00	0.00
3	0.00	0.00	1.00	0.00	0.00	0.00
4	0.00	0.00	0.00	0.61	0.01	0.00
5	0.00	0.00	0.00	0.39	0.99	0.00
6	0.00	0.00	0.00	0.00	0.00	1.00

注:(1)重复次数为5000次;(2)$\phi_i = 0$[①];(3)选择使 SIC^* 达到最小的模型;(4)表中横行表示正确模型,竖行表示模拟模型,因而0.33表示正确模型为1,而被估计为模型2的概率为0.33。

四　不同比例的模拟结果

为了进一步考察统计量的有限样本性质,本节对不同比例的 $\dfrac{N}{T}$ 样本进行模拟,比例分别为0.05、0.1、0.15、0.2和0.25。图3-1为模型3的 $Z_\tau(N)$ 的检验水平,图3-2为模型3的 $Z_\rho(N)$ 的检验水平,横轴表示时间,纵轴为检验水平,名义水平为5%。

从图3-1和图3-2可以看出,当 $N=0.05T$ 时,两个统计量都呈现出"马鞍形"的特征,当 $T \in (100, 200)$ 时,检验水平远远高于名义水平。当 T 较小时,所有比例都呈现不同程度的扭曲,对于

[①] 表3-6是在无协整的情况下模拟的,作者也检验了当 ϕ_i 取 $\{-0.1, -1\}$ 时的情形,对结果的影响并不大。

◇ 截面相关下的变结构面板协整检验研究

$N=0.15T$、$N=0.2T$ 和 $N=0.25T$ 的情形，检验水平高于名义水平，其中 $N=0.15T$ 的扭曲最大，但对于 $N=0.1T$，检验水平却低于5%，说明在该情形下，检验过于保守。对于这四种情形，当 $T<100$ 时收敛速度较快，当 $T=100$ 时，$Z_\tau(N)$ 的检验水平已经收敛到5%附近，而 $Z_\rho(N)$ 的检验水平收敛到10%附近，随后以稍慢的速度收敛。总体而言，在有限样本中，$N=0.1T$ 的检验水平性质较好。

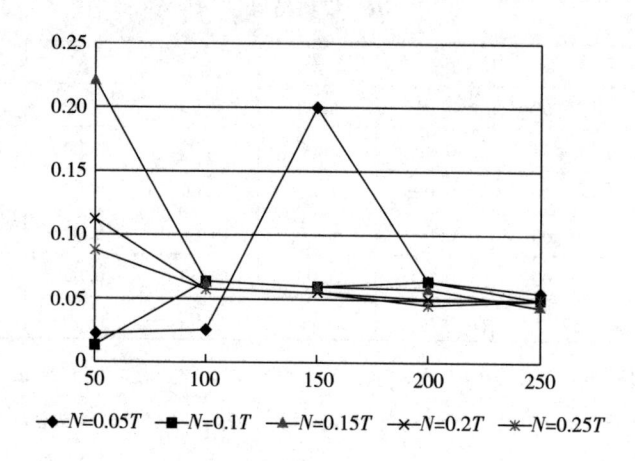

图 3-1 模型 3 的 $Z_\tau(N)$ 的检验水平（名义水平为5%)

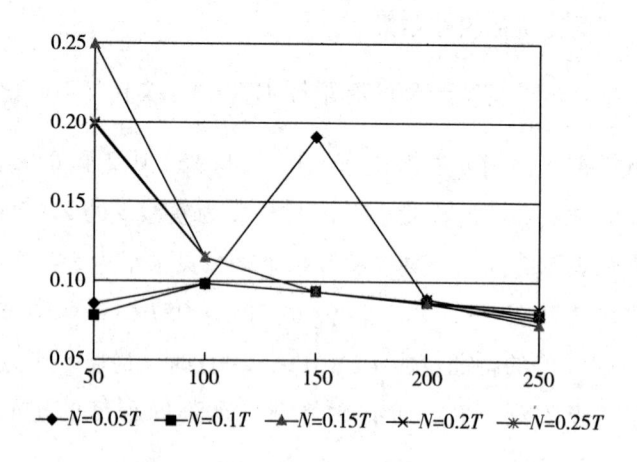

图 3-2 模型 3 的 $Z_\rho(N)$ 的检验水平（名义水平为5%)

图3-3为模型3的$Z_\tau(N)$的修正检验势,图3-4为模型3的$Z_\rho(N)$的修正检验势,横轴为时间,纵轴为修正检验势,名义水平为5%,$\phi_i=-0.1$。

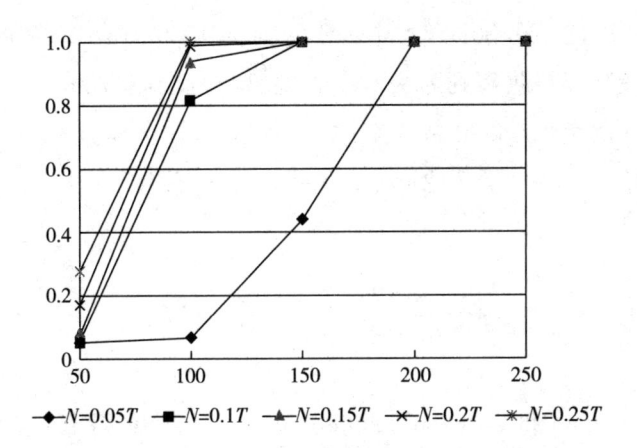

图3-3 模型3的$Z_\tau(N)$的检验势(名义水平为5%)

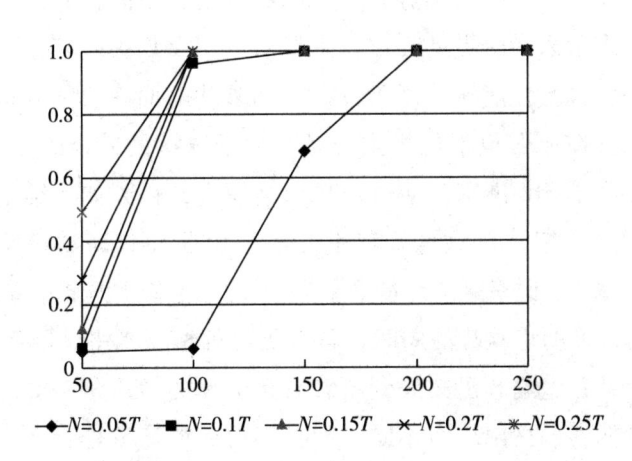

图3-4 模型3的$Z_\rho(N)$的检验势(名义水平为5%)

图3-3和图3-4表明,对于$N=0.05T$,收敛速度明显慢于其他四种情形,在$T=150$时,检验势才达到43.8%和68.1%。对于$N=0.1T$,当T很小时,检验势很低,都只有5.6%,但收敛速度很快,

当 $T=100$ 时，检验势已达到 81.7% 和 95.9%。对于其他三种情况，当 T 很小时，检验势也较低，但当 $T=100$ 时，基本能收敛到 1 附近。由此可见，对于检验势，$\frac{N}{T}$ 比例越高，越早收敛到 1。

综上所述，在有限样本中，不管何种比例的样本，统计量的检验水平最终都会收敛到名义水平，检验势也会收敛到 1，因此本章中的统计量有较好的有限样本性质。同时，综合检验水平和检验势的收敛情况，相比于其他情形，$N=0.1T$ 的有限样本性质最好。

第三节 本章小结

Westerlund 和 Edgerton（2008）提出了两个统计量以检验在无协整关系的原假设下的面板协整关系。该检验考虑了异质且序列相关的误差项、个体时间趋势、截面相关以及各截面在截距和协整斜率上存在多个未知时点的突变。本章引入了 WE 法检验，并对其进行拓展，使检验也能够应用于没有时间趋势的面板协整方程中，同时给出了其在原假设下的极限分布。为了选择最适合的面板模型，本章还拓展了 SIC 准则。通过蒙特卡洛模拟，得到如下结论：①总体而言，两个统计量都具有较小的水平扭曲和较高的检验势，不过，由于基于 t 比率的统计量 $Z_\tau(N)$ 在具有与基于系数的统计量 $Z_\rho(N)$ 较为接近的检验势的同时，具有更好的检验水平，因而 $Z_\tau(N)$ 优于 $Z_\rho(N)$；②将模型拓展到不含有趋势项的情形是必要的，这不但是因为两者的极限分布不同，而且误设后统计量检验水平和检验势都会受到影响，同时，忽视结构突变会导致统计量的检验势严重失真；③本章提出的 SIC^* 准则能很好地选择正确模型；④对于不同比例的 $\frac{N}{T}$ 样本（其中 N 为截面个数，T 为时间个数），统计量仍然有很好的有限样本性质，而且统计量的收敛速度很快。

第四章 应用实例：Feldstein-Horioka 之谜在中国各省份之间的再检验

第一节 引言

作为宏观经济理论的两大基本要素，投资和储蓄一直受到政府决策者和学者的广泛关注。研究两者的关系不但能了解宏观经济短期的稳定性和长期的增长路径，而且关乎政策工具在宏观调控中是否有效。自 1980 年 Feldstein 和 Horioka 首次使用储蓄率和投资率的相关关系来推断国际资本的流动性之后，学术界对储蓄—投资关系进行了重新审视，由此涌现出大量的文献。

对于中国而言，改革开放 40 多年来，经济保持平稳快速增长，计划经济体制已经初步完成向社会主义市场经济体制的转变，人民的生活水平有了很大提高，面对国际上多次出现的金融危机，甚至是 2007 年美国次贷危机引发的国际金融危机，中国都能平稳地渡过，这些都与资本形成和投资增长密切相关。然而，随着经济的增长，国民经济运行中的诸多问题逐渐显露，目前，区域经济发展的非均衡性已然成为现阶段我国经济发展过程中较为突出的特征，而资本流动是影响经济增长进而解释区域经济差距变化的关键因素

（徐冬林和陈永伟，2009）。Boyreau-Debray 和 Wei（2004）曾指出中国资本市场的地区性分割阻碍着资本和储蓄的跨地区流动，使大量的储蓄滞留在低效率地区，而拥有良好投资机会的地区和企业却得不到充足的资金。虽然多数研究中国地区资本流动性的学者引用了这一观点，但它是否准确揭示了我国区域资本流动性，本章认为还有待商榷。

毋庸置疑，中国地区间确实需要自由流动的资金。粗略地说，至少有四点原因：第一，中国企业，尤其是非国有企业需要一个自由的资本市场，在这个市场上任何关于企业性质的歧视都不存在，只有这样的一个市场才能放松企业所面临的外部资金约束，同时能够促使企业扩张从而抓住全国范围内的发展机遇。第二，为了寻求更好的收益—风险交易，投资者也需要跨地区大量多元他们的金融资产。第三，类似于商品市场一体化，额外的收益将与金融机构重组相关联，效率最差的机构将从高度一体化的市场中淘汰出去，而剩下的机构将达到规模经济。第四，因为中国出现了新兴的消费信贷市场，所以高资本流动对消费平滑来说同样重要（Li，2010）。

那么，中国地区间资本流动情况究竟如何？是呈现出地区性分割（Boyreau-Debray and Wei，2004；Li，2010；王博和文艺，2012）还是表现出很强的流动能力？（宋军发，2012）本章将基于 Feldstein-Horioka 方法，从各省份投资率与储蓄率的关系出发，针对中国社会改革特点使用新的方法来检验资本在省际的流动特征。

第二节　关于 Feldstein-Horioka 之谜的综述及评价

在国际资本完全流动的假设下，一国的储蓄会在世界范围内寻求收益更高的项目进行投资，一国的投资也会获得世界范围内储蓄资金的支持，因而国内储蓄和国内投资不应该具有明显的相关性。

第四章
应用实例：Feldstein-Horioka 之谜在中国各省份之间的再检验

Feldstein 和 Horioka（1980）用 16 个 OECD 国家 1960—1974 年的年平均数据以及每五年的年平均数据来测算国内储蓄与国内投资的相关程度，所使用的估计方程形式为：

$$\left(\frac{I}{Y}\right)_i = \alpha + \beta\left(\frac{S}{Y}\right)_i \tag{4-1}$$

其中，$\left(\frac{I}{Y}\right)_i$ 为第 i 个国家的国内总投资与国内生产总值之比，即投资率，$\left(\frac{S}{Y}\right)_i$ 为第 i 个国家的国内总储蓄与国内生产总值之比，即储蓄率，β 为储蓄保留系数（有时也成为 F-H 系数），度量了国际资本流动的程度，在资本完全流动的原假设下，β 应该为零。然而，他们的实证结果显示 β 在 0.85 和 0.95 之间，非常接近于 1，这与世界资本完全流动的原假设相悖，表明一国所增加的储蓄大部分留在了本国，各国间的资本流动能力很弱。这就是 Feldstein-Horioka（简称 F-H）之谜。

此后，广大学者对 F-H 之谜产生了极大兴趣，出现了大量检验储蓄与投资关系的研究。Penati 和 Dooley（1984）使用 19 个国家的数据重新检验了 F-H 之谜，验证了 Feldstein 和 Horioka（1980）的结论。Feldstein 和 Bachetta（1991）使用 23 个 OECD 国家 1960—1986 年的数据重新估计了投资与储蓄的关系，结果发现其相关性只略微下降了。许多学者使用实证方法完全或部分证明了这些结论（Feldstein, 1983; Murph, 1984; Dooley et al., 1987; Armstrong et al., 1996; Bajo-Rubio, 1998; Pelagidis and Mastroyiannis, 2003; Papapetrou, 2006; 封福育，2008；杨子晖等，2009）。然而，Asimakopoulos（1983）考察了产出曲线与投资的关系，发现储蓄是独立于投资的，从而表明资本具有很高的流动性。Blanchard 和 Giavazzi（2002）检验了欧洲地区的投资和储蓄关系，结果显示，随着时间的流逝，两者之间的相关性急剧减小，几乎消失，因而他们认为国际资本市场高度一体化。所以说，仍有许多学者并不同意 F-H 的结论（Asimakopoulos,

1983；Caprio and Howard，1984；Barkoulas et al.，1996；Hussein，1998；Tsoukis and Alyousha，2001；Blanchard and Giavazzi，2002；Coakley et al.，2004）。此外，Persson 和 Svensson（1985）等从外生冲击（如生产力冲击、技术冲击、预期贸易冲击、财政冲击、货币政策冲击等）方面，Hamada 和 Iwata（1989）等从宏观经济变量角度，Bayoumi（1990）等从政府的资本管制方面，Sinn（1992）等从跨期预算约束方面，对 F-H 之谜进行解释和修正。迄今为止，关于投资率与储蓄率之间是否存在长期联系仍被认为是现代宏观经济学六大实证难题之一（Obstfeld and Rogoff，2000；Di Iorio and Stefano，2010）。

不过，大多数对 F-H 之谜的研究中存在一定的局限性。早期的文献通常采用横截面数据或时间序列数据进行研究，正如杨子晖等（2009）所述，采用时间平均数据进行截面分析不但会高估储蓄保留系数，而且很难推断出储蓄转化成投资的比重，同时这种分析方法假定样本各国的储蓄—投资相关系数相等，与事实不符；而采用时间序列分析方法又无法反映"资本在国际间流动"这一系统性质。由于面板数据可以综合来自截面和时间两个维度的信息，解决了上述问题，因而面板数据在实证中得到了广泛应用。近年来，学者纷纷使用面板数据对 F-H 之谜进行检验。另外，由于投资和储蓄两者之间是一种长期均衡关系，从 20 世纪 90 年代开始，学者便开始使用协整检验对其进行分析（Ballagriga et al.，1991；Gundlach and Sinn，1992；Jansen and Schultz，1996；Sinha and Sinha，2004）。国内学者大多也使用面板协整检验对国内地区资本流动性进行分析（胡永平等，2004；李志国，2008；徐冬林和陈永伟，2009；封福育，2010；Li，2010；宋军发，2012；王博和文艺，2012）。可是，这些文献中仍然存在一些问题。第一，文献中基于面板数据的分析都是建立在截面独立的假设上的，而在实际中各地区间的经济都是相关联的，因而截面间都是相关的，截面独立的假设很难满足，而忽略截面间的相关性进行的检验将会导致检验结果出现严重偏差（Banerjee et al.，2004；Pesaran，2007），所以在设定模型时也应考

第四章
应用实例：Feldstein-Horioka 之谜在中国各省份之间的再检验

虑到截面之间的相关性。第二，未考虑到结构突变的情况。由于外部冲击如国家政策的改变会对地方经济产生影响，因而这会使序列产生一些结构上的变化，从而影响两者之间的关系。如果忽略了结构突变，将会导致协整检验的势下降（Banerjee and Carrion-i-Silvestre，2006）。国际上已经开始关注这个问题，如 Grier 等（2009）使用 Bai 和 Perron（1998、2003）提出的方法检验美国 1947 年第一季度到 2007 年第一季度的投资和储蓄关系中的突变，结果发现带有两个断点的储蓄率才是平稳的，而不带有断点的投资率则不平稳；Rao 等（2010）以布雷顿森林协议和马斯特里赫特协议为突变点，检验了 OECD 国家的资本流动情况。因此，在研究两者关系的同时，应该考虑外部冲击所带来的结构变化，这也是大部分研究中国区域资本流动性的文献所忽视的。针对研究中所存在的弊端，本章将使用基于 WE 法的截面相关下的变结构面板协整检验对其进行分析，从而克服传统检验的不足。

第三节　检验结果与分析

一　数据说明

沿用 Boyreau-Debray 和 Wei（2004）、Li（2010）、王博和文艺（2012）的方法，本章选取的总投资（I）变量为该省支出法地区生产总值中的资本形成总额（固定资本形成与存货增加之和），总储蓄（S）变量为该省支出法地区生产总值减去最终消费（包括居民消费支出和政府消费支出），GDP 即为该省支出法地区生产总值。从而投资率（i）为总投资除以 GDP，储蓄率（s）为总储蓄除以 GDP。样本区间为 1978—2011 年的年度数据。由于重庆和西藏的数据缺失，将其删除，因而本章使用的是 29 个省份 34 年的数据，数据源于中经网统计数据库和《新中国六十年统计资料汇编》。本章的实证工作均使用 GAUSS9.0 软件完成。

◇ 截面相关下的变结构面板协整检验研究

二 平稳性检验

在进行协整检验之前，需要对变量进行单位根检验，以检验其是否平稳。本章使用 Carrion-i-Silvestre 等（2005）提出的面板平稳性检验，该方法既考虑了未知结构突变，又使用 Maddala 和 Wu（1999）提出的自举法解决了截面相关的问题，因而检验结果（见表 4-1）中既给出了基于正态分布的 P 值，又给出了基于自举分布的 P 值。

表 4-1　　　　　　　　　单位根检验结果

变量	模型设定 统计量	截距	截距和趋势	截距上有突变	截距和趋势都有突变
i	检验值	36.38	20.52	8.61	6.86
	P 值^N	0.00	0.00	0.00	0.00
	P 值^B	0.00	0.01	0.00	0.05
Δi	检验值	1.32	0.04	-1.29	0.87
	P 值^N	0.09	0.48	0.90	0.19
	P 值^B	0.36	0.79	0.83	0.46
s	检验值	27.01	11.29	9.21	7.73
	P 值^N	0.00	0.00	0.00	0.00
	P 值^B	0.00	0.00	0.00	0.06
Δs	检验值	1.11	1.03	0.34	2.17
	P 值^N	0.13	0.15	0.37	0.02
	P 值^B	0.16	0.38	0.19	0.41

注：(1) 原假设为数据平稳；(2) 该检验中最大断点数为 2；(3) P 值^N 是基于正态分布的单边检验计算所得；(4) P 值^B 是基于自举分布的单边检验计算所得，所使用的自举样本为 500。

检验结果表明，对于各变量的水平值，在 5% 或 10% 的显著性水平下，所有设定形式的检验都拒绝了平稳的原假设，即无论是否考虑趋势，是否考虑突变，是否考虑截面相关，变量的水平值都是非平稳的；对于变量的一阶差分值，不考虑截面相关和考虑了截面

第四章
应用实例：Feldstein-Horioka 之谜在中国各省份之间的再检验

相关的 P 值相差很大，考虑到各地区经济之间的内在联系，因而更加信任基于自举分布得出的 P 值，所以在5%或10%的显著性水平下，Δi 和 Δs 都是平稳的。

综上，$i \sim I(1)$，$s \sim I(1)$。

三 协整检验

基于 Feldstein 和 Horioka（1980）的横截面模型，本章将投资与储蓄之间的面板协整方程设定为：

$$i_{it} = \alpha_i + \beta_i s_{it} + u_{it} \tag{4-2}$$

其中，i 代表第 i 个省份，t 代表第 t 年。

根据宏观经济理论，投资和储蓄都会受到利率等共同因素的影响，因而相应的储蓄率变量具有内生性，如若忽视内生性问题，则所得估计量将是有偏且非一致的，检验也是无效的，以此得出的经济结论将是扭曲甚至是有误的（Tobin，1983；Tesar，1991；Kasuga，2004；徐冬林和陈永伟，2009）。本章使用的基于 WE 法的截面相关下的变结构面板协整检验的原始假定为自变量是严格外生的。Banerjee 和 Carrion-i-Silvestre（2006）指出，在公共因子模型中自变量是严格外生的还是内生的有很明显的差别，如果自变量是严格外生的，统计量的极限分布将不依赖于随机变量的个数，但如果 ε_{it} 和 v_{it} 相关，就得不到这样的结论，于是就需要使用考虑了内生自变量的方法，比如 Stock 和 Watson（1993）提出的 DOLS 估计方法。本章使用 Kao 和 Chiang（2001）提出的 DOLS 来估计一阶差分方程，以解决变量的内生性以及序列相关问题，置前阶数设为3，滞后阶数设为1。

对检验中其他参数作如下设定：最大公共因子个数为5，最大断点个数为2，使用格点搜索法使一阶差分方程的残差平方和达到最小的位置为各截面的断点，最大滞后阶数为5，带宽 $M_i = ceil\left(4 \left(\frac{T}{100}\right)^{\frac{2}{9}}\right)$ ①。

---

① $ceil(x)$ 表示比 x 小的最大整数。

◇ 截面相关下的变结构面板协整检验研究

为了避免断点在样本的末端,设定截断为 0.05,即 $0.05 \leq \lambda_i \leq 0.95$。检验结果见表 4-2[①]。

表 4-2　基于结构突变和截面相关的面板协整检验结果

统计量	$Z_\tau(N)$	$Z_\rho(N)$	SIC^*
模型 1	-0.22 (0.41)	-1.00 (0.16)	-5.93
模型 2	0.65 (0.74)	-0.66 (0.23)	-6.35
模型 3	0.29 (0.62)	-0.71 (0.24)	**-6.46**

注:(1)原假设都为无协整关系;(2)括号里的值为对应统计量值的 P 值,而该 P 值是基于正态分布的单边检验计算所得。

根据 SIC^* 准则,通过比较表 4-2 各模型的 SIC^* 值可知,应该选择模型 3,第三章中表 3-6 的模拟结果说明,当准则断定结果为模型 3 时,可以断定模型选择是正确的,所以模型 3 是最适合的模型,也就是说在截面相关下,含有水平突变和协整向量突变的模型是最适合的。对于模型 3,两个统计量均表明应该接受原假设,认为不存在协整关系,即 i 与 s 之间不存在长期的均衡关系。

检验结果显示,没有证据支持在中国省际存在 F-H 之谜,资本在中国各省间是自由流动的,这与王博和文艺(2012)的结论并不一致。这主要是因为本章的检验考虑了截面相关和结构突变。根据检验结果,模型 3 的断点中位数所在位置为 1984 年年底和 1992 年年底,估计得较为合理。由于国民收入分配体制改革和投融资体制改革的推进促使资本跨省流动和跨地区流动在 1984 年年底基本得以实现,而此后的银行、股票市场以及相互融通的信贷资金管理体制

---

① 由于篇幅所限,这里就不报告各截面的断点位置,有兴趣的可以向作者索取。模型 2 的断点中位数所在位置为 1984 年年底和 1991 年年底;模型 3 的断点中位数所在位置为 1984 年年底和 1992 年年底。

第四章
应用实例：Feldstein-Horioka 之谜在中国各省份之间的再检验

为资本的跨省和跨地区流动提供了可能性和实现渠道（宋军发，2012），因而，在1984年年底发生突变是合理的。另一个突变发生在1992年年底也符合实际情况，其原因是：党的十四大会议明确建立社会主义市场经济体制之后，全国特别是东部沿海省份的市场化改革和对外开放的进程加速，使中西部省份的储蓄资本在利益驱使下急剧向东部沿海省份流入（宋军发，2012），同时由于资本流动规模可以反映实际金融开放度，而中国吸引外资的规模在1993年急剧增加（于春海，2007），因而使资本流动能力在1992年年底发生了结构性转变。值得注意的是，各个省份和地区虽然都会对国家制定的政策作出反应，资本流动也会适当地调整，但是由于各个省份和地区政府实行政策的时间、力度不尽相同，经济金融环境并不一致，因而各个省份和地区的资本状况也会有所差异，从而突变发生的时间点也不一定相同。例如，北京的突变点发生在1984年年底和1995年年底，而陕西的突变点发生在1984年年底和1992年年底，说明北京或许对1994年出台的多项体制改革政策比较敏感，而陕西则对经济体制改革政策反应比较迅速，可是对上海而言，影响更大的可能是1992年年底召开的党的十四大会议所制定的经济体制改革政策和吸引的外资，以及我国在1996年银行方面的改革，所以，上海的突变点发生在1993年年底和1997年年底。因此，如果检验要求每个截面上的断点都相同，这个约束过于严格，与实际并不相符。

虽然本章所得结论认为中国省际资本流动性较强，与多数未考虑结构突变和截面相关的传统检验所得结论并不一致，但本章的检验所考虑的更为全面，结果应该更为可信。

第四节 本章小结

地区间资本流动影响着地区经济和社会的发展，可以从某种程度上解释地区经济的差距。自改革开放以来,中国经济制度逐步转变,金融深化迅速进行,银行体系日臻完善,这些改革措施都会使地区间资本流动产生结构性变化,而且地区间经济常常会受到某些公共因子的影响(如某项政策的出台、经济周期的冲击),使截面个体间相互关联,因而在使用面板数据研究实际经济问题时,如果使用未考虑结构突变和截面相关的传统检验会导致所得结论出现偏误。

本章基于 Feldstein-Horioka 方法,使用基于 WE 法的截面相关下的变结构面板协整检验来考察 1978—2011 年中国省际资本流动情况,结果显示在考虑结构突变和截面相关的情况下,投资和储蓄间并不存在长期均衡关系,也就是说中国省域间的资本流动能力较强,当地投资并不受到当地储蓄的约束,F-H 之谜在中国并不存在,这也与中国经济持续高速的增长现状相一致。然而,各地区的储蓄投资转化效率究竟如何,自由流动的资本和高速的经济增长孰因孰果,还有待进一步研究。

第五章

基于 BC 法的截面相关下的变结构面板协整检验

第一节　引言

　　Westerlund 和 Edgerton（2008）以及第三章中的基于 WE 方法的截面相关下的变结构面板协整检验方法较为简单，但是都基于一个严格的假设——公共因子平稳。从实证角度来说 F_t 也有可能为 $I(1)$，因为 F_t 可能刻画了未包含于 y_{it} 的模型外因素的非平稳性（Banerjee 和 Carrion-i-Silvestre，2015）。Di Iorio 和 Fachin（2010）提出的带有突变的自举法只考虑了一个断点，且自举样本是基于估计断点计算出的，因而断点的估计直接影响到检验的结果，当断点接近样本的两端时，该方法就会严重失真，同时该方法对分区长度（Block size）的选择很敏感。Banerjee 和 Carrion-i-Silvestre（2015）的方法虽然检验较为全面，但是对于趋势含有断点的情形，约束较为严格，而且检验的渐近分布依赖于冗余参数（如自变量个数、断点位置等），这样就会导致不同的自变量个数和不同的断点需要不同的临界值集，因此检验不便于使用。同时在现实经济中，公共因子可能不仅仅影响被解释变量，同样也会影响自变量，但是他们忽略了公共因子与自变量相关的情况。

考虑到现有截面相关下的变结构面板协整检验存在的不足，本章将在已有文献的基础上进行改进。本章对 Bai 和 Carrion-i-Silvestre（2013）（简称 BC 法）提出的检验进行扩展，该方法使用公共因子模型来刻画截面相关，使用动态最小二乘（DOLS）方法解决内生性问题，使用迭代算法来估计当公共因子与自变量相关时的参数，从而得到一致估计量。随后构建 MSB 统计量对残差进行检验，同时构建统计量检验公共因子的平稳性。但是，Bai 和 Carrion-i-Silvestre（2013）提出的方法并未考虑结构突变，当结构稳定的假定不成立时，该检验方法将会产生很大的偏误。本章在 Bai 和 Carrion-i-Silvestre（2013）的研究框架下加入了结构突变，且突变点是未知异质的，考虑了六个检验模型，并给出相应的极限分布。通过蒙特卡洛模拟，考察各统计量的有限样本性质。

第二节 模型设定与检验

一 模型的设定与假设

本章使用以下的数据生成过程（DGP）来同时考虑结构突变和截面相关：

$$y_{it} = f_i(t) + x'_{it}\delta_i + (D_{it}x_{it})'\gamma_i + u_{it} \tag{5-1}$$

$$x_{it} = A_t\pi_i + B_iF_t + \sum_{j=1}^{r}C_{ij}(F_{jt}\pi_{ij}) + \eta_{it} \tag{5-2}$$

$$(1-L)\eta_{it} = G_i(L)v_{it} \tag{5-3}$$

$$u_{it} = F'_t\pi_i + e_{it} \tag{5-4}$$

$$(1-L)F_t = C(L)w_t \tag{5-5}$$

$$(1-\rho_iL)e_{it} = H_i(L)\varepsilon_{it} \tag{5-6}$$

其中，确定项 $f_i(t)$ 的一般函数形式为 $f_i(t) = \alpha_i + \beta_i t + \theta_i D_{it}$，

$D_{it}=\begin{cases}0, & t\leq T_i \\ 1, & t>T_i\end{cases}$, $T_i \triangleq \lfloor \lambda_i T \rfloor$①, $\lambda_i \in (0,1)$。x_{it} 为 K 维 $I(1)$ 的自变量向量，A_t、B_i、C_{ij} 为具有一致有限四阶矩的向量或矩阵，F_{jt} 为 r 维不可观测的公共因子向量 F_t 的第 j 个分量，π_{ij} 为载荷参数向量 π_i 的第 j 个分量，$G_i(L)=\sum_{j=0}^{\infty}G_{ij}L^j$，$C(L)=\sum_{j=0}^{\infty}C_jL^j$，$H_i(L)=\sum_{j=0}^{\infty}H_{ij}L^j$。

基于以上参数，本章设定以下六种模型：

模型 1：只含有截距的无突变模型，即 $y_{it}=\alpha_i+x'_{it}\delta_i+u_{it}$；

模型 2：只含有截距的水平突变模型，即 $y_{it}=\alpha_i+\theta_i D_{it}+x'_{it}\delta_i+u_{it}$；

模型 3：只含有截距的水平突变和协整向量突变模型，即

$y_{it}=\alpha_i+\theta_i D_{it}+x'_{it}\delta_i+(D_{it}x_{it})'\gamma_i+u_{it}$；

模型 4：含有趋势的无突变模型，即 $y_{it}=\alpha_i+\beta_i t+x'_{it}\delta_i+u_{it}$；

模型 5：含有趋势的水平突变模型，即 $y_{it}=\alpha_i+\beta_i t+\theta_i D_{it}+x'_{it}\delta_i+u_{it}$；

模型 6：含有趋势的水平突变和协整向量突变模型，即

$y_{it}=\alpha_i+\beta_i t+\theta_i D_{it}+x'_{it}\delta_i+(D_{it}x_{it})'\gamma_i+u_{it}$

对于模型的几点说明：

第一，虽然式(5-4)中的算子为 $(1-L)$，但是 F_t 并不必为 $I(1)$ 过程。事实上，F_t 可以为 $I(0)$、$I(1)$ 或两者的组合。如果 $C(1)=0$，那么 F_t 为 $I(0)$。如果 $C(1)$ 满秩，则 F_t 的每个分量都为 $I(1)$。如果 $C(1) \neq 0$ 且不满秩，则 F_t 中部分为 $I(1)$，部分为 $I(0)$。

第二，若 y_{it} 和 x_{it} 间存在协整关系，那么 F_t 和 e_{it} 必须都为 $I(0)$。此时 F_t 可以视为公共冲击（Common shocks），因为它能刻画截面间的相关性。当 F_t 为 $I(1)$ 时，将其称为不可观测的截面公共随机趋势。此时当 e_{it} 为 $I(0)$ 时，虽然 y_{it} 和 x_{it} 间不协整，但是 y_{it}、x_{it} 和 F_t 三者之间存在协整关系，说明 y_{it} 和 x_{it} 的协整关系中存在一些不可观测的公共随机趋势。因此，检验 y_{it} 和 x_{it} 间是否存在协整关系需要分别检验异质误差成分和公共因子成分的性质（Bai and Carrion-i-Silvestre，2013）。

---

① "≜"表示定义式；$\lfloor x \rfloor$ 表示 x 的整数部分。

第三，本模型中式（5-2）表明自变量 x_{it} 或与 F_t 相关、或与 π_i 相关、或与两者都相关。现实中影响因变量的公共因子通常也会影响随机自变量，此时就会出现公共因子与 $I(1)$ 的自变量相关的情况（Bai and Carrion-i-Silvestre，2013）。当然，x_{it} 中也可能含有未包含于 y_{it} 方程中的额外因子向量 G_t，即 $x_{it} = A_i \pi_i + B_i F_t + \sum_{j=1}^{r} C_{ij}(F_{jt}, \pi_{ij}) + G_i' D_i + \eta_{it}$，其中 $D_i(L) = \sum_{j=0}^{\infty} D_{ij} L^j$，$G_t$ 独立于 F_t。但是由于在自变量中加入额外的成分 G_t 会使自变量的方差更大，从而使回归系数 (δ_i，γ_i) 估计得更加精确，所以无论 G_t 是 $I(0)$、$I(1)$ 还是两者组合，都不影响分析结果（Bai and Carrion-i-Silvestre，2013）。

本章所基于的假设条件与 Bai 和 Carrion-i-Silvestre（2013）假定条件类似。令 $S < \infty$ 为一个不依赖于 T 和 N 的正数，$\|A\| = trace (A'A)^{1/2}$。

假设1（误差过程）：

(1)(i) 对每个 i，$\varepsilon_{it} \sim i.i.d.(0, \sigma_i^2)$，$E|\varepsilon_{it}|^8 \leq S$，$\sum_{j=0}^{\infty} j|H_{ij}| < S$，$\omega_i^2 = H_i(1)^2 \sigma_i^2 > 0$；(ii) $E(\varepsilon_{it}\varepsilon_{jt}) = \tau_{ij}$，$\sum_{i=1}^{N}|\tau_{ij}| \leq S$；(iii) 对所有的 (t, s)，$E|N^{-1/2}\sum_{i=1}^{N}[\varepsilon_{is}\varepsilon_{it} - E(\varepsilon_{is}\varepsilon_{it})]|^4 \leq S$；

(2)(i) 对每个 i，$v_{it} \sim i.i.d.(0, \Sigma_{v_i})$，$E\|v_{it}\|^4 \leq S$；(ii) $var(\Delta \eta_{it}) = \sum_{j=0}^{\infty} G_{ij} \Sigma_{v_i} G_{ij}' > 0$；(iii) $\sum_{j=0}^{\infty} j\|G_{ij}\| < S$；(iv) $G_i(1)$ 满秩。

假设2（公共因子）：

(1)(i) $E\|\pi_i\|^4 \leq S$，(ii) $\frac{1}{N}\sum_{i=1}^{N}\pi_i \pi_i' \xrightarrow{p} \Sigma_\Pi$①，其中 Σ_Π 为 ($r \times r$) 阶正定矩阵；

(2)(i) $w_t \sim i.i.d.(0, \Sigma_w)$，$E\|w_t\|^4 \leq S$；(ii) $var(\Delta F_t) = \sum_{j=0}^{\infty} C_j \Sigma_w C_j' > 0$；(iii) $\sum_{j=0}^{\infty} j\|C_j\| < S$；(iv) $C(1)$ 的秩为 r_1，且 $0 \leq r_1 \leq r$；

(3) 对所有的时间和截面，w_{it} 独立于 ε_{it} 和 π_i。

假设3（结构突变）：$T_i \triangleq \lfloor \lambda_i T \rfloor$，其中 $\lambda_i \in (0, 1)$；

---

① "$\xrightarrow{p}$" 表示依概率收敛。

假设4(初值):对每个 i, $\mathrm{E}\|F_0\|\leqslant S$, $\mathrm{E}\|G_0\|\leqslant S$, $\mathrm{E}|e_{i0}|\leqslant S$。

假设1(1)(i)说明允许$(1-\rho_i L)e_{it}$中存在弱序列相关,(ii)和(iii)则允许存在弱截面相关。假设1(2)对自变量的一阶差分进行约束。假设2(1)和假设2(2)表明有 r 个公共因子,保证了因子载荷和因子的估计是一致的。假设2(1)说明公共因子对 u_{it} 方差的贡献是显著的,另一方面也说明因子模型是可识别的。假设2(2)对 ΔF_t 的短期方差和长期方差进行约束,短期方差为正定的,表明具有 r 个公共因子,但长期方差可以是降秩的,从而保证 $I(1)$ 的因子的线性组合是平稳的。假设2(3)确保了不可观测公共因子与回归误差以及因子载荷不相关,这是因子模型中的基本假设。假设3保证了断点是可识别的,而且不会太过靠近样本的起点或末端。假设4是对初始条件进行约束。

本章的假设并不要求 ε_{it} 和 v_{it} 相互独立,即自变量不一定是严格外生的。Banerjee 和 Carrion-i-Silvestre(2006)指出严格外生的自变量和内生的自变量会得到不同的结论,在公共因子模型中,如果自变量是严格外生的,统计量的极限分布将不依赖于随机变量的个数,但如果 ε_{it} 和 v_{it} 相关,就得不到这样的结论,此时就需要使用考虑了内生自变量的方法,比如 Stock 和 Watson(1993)提出的动态最小二乘(DOLS)估计方法。因此本章采用加入 Δx_{it} 的置前和滞后项来控制自变量弱内生性问题,即 DOLS 方法。

从而模型可以重新写为:

$$y_{it}=f_i(t)+x'_{it}\delta_i+(D_{it}x_{it})'\gamma_i+(\Delta x'_{it})A_i(L)+F'_t\pi_i+\xi_{it} \qquad (5-7)$$

其中,$A_i(L)$ 为置前和滞后算子的多项式向量,滞后阶数为 m_1,阶数为 m_2,$m=m_1+m_2$。自变量 x_{it} 和 Δx_{it} 严格外生于 ξ_{it}。若 e_{it} 为 $I(0)$,则可直接将 e_{it} 映射到 Δx_{it} 的置前和滞后项上,即 $e_{it}=(\Delta x_{it})'A_i(L)+\xi_{it}$,$\xi_{it}$ 必然为 $I(0)$,从而得到式(5-7)。若 e_{it} 为 $I(1)$,则将 Δe_{it} 映射到 Δx_{it} 的上,即 $\Delta e_{it}=(\Delta x_{it})'B_i(L)+\vartheta_{it}$,从而 $e_{it}=x'_{it}B_i(L)+\xi_{it}$,$\xi_{it}=\sum_{s=0}^{t}\vartheta_{is}\sim I(1)$。根据 Beveridge-Nelson 分解,$x'_{it}\delta_i+x'_{it}B_i(L)$ 可以写成 $x'_{it}\varphi_i+(\Delta x_{it})'C_i(L)$,因此得到式(5-7)。综上可知,$\xi_{it}$ 与 e_{it} 具

有相同的单整阶数,那么可以通过检验 ξ_{it} 的单整阶数来检验异质扰动项 e_{it} 的单整阶数。

二 统计量

1. 误差项检验

本章使用 Stock(1999)所提出的修正 Sargan-Bhargava(MSB)统计量来检验不存在协整关系的原假设。Bai 和 Carrion-i-Silvestre(2009、2013)指出,该统计量具有较为优越的性质:第一,它对突变点具有渐近不变性;第二,Ploberger 和 Phillips(2004)证明了该统计量对异质趋势具有不变性。

首先差分式(5-7)得:

$$\Delta y_{it} = \Delta f_i(t) + (\Delta x_{it})'\delta_i + \Delta(D_{it}x_{it})'\gamma_i + (\Delta^2 x_{it})'A_i(L) + \Delta F_t'\pi_i + \Delta \xi_{it}$$
(5-8)

定义投影矩阵为 $M_i = I_{T-m-2} - P_i^{\Delta D} = I_{T-m-2} - \Delta D_i (\Delta D_i' \Delta D_i)^{-1} \Delta D_i'$,其中,对于只含有截距项的无突变模型(模型1),$M_i = I_{T-m-2}$,对于只含有截距项的突变模型(模型2、模型3),$\Delta D_i = [D(T_i)]$,对于含有趋势项的无突变模型(模型4),$\Delta D_i = [\iota]$,对于含有趋势项的突变模型(模型5、模型6),$\Delta D_i = [\iota, D(T_i)]$,$D(T_i) = \begin{cases} 1, & t = T_i + 1 \\ 0, & \text{其他} \end{cases}$,$\iota$ 为 $T-m-2$ 维全1列向量。

式(5-8)两边同时左乘 M_i 得:

$M_i \Delta y_i = M_i \Delta x_i \delta_i + M_i \Delta(D_i x_i) \gamma_i + M_i \Delta^2 x_i A_i(L) + M_i \Delta F \pi_i + M_i \Delta \xi_i$

或者 $y_i^* = x_i^* \psi_i + f \pi_i + z_i$ (5-9)

其中,$y_i^* = M_i \Delta y_i$,$x_i^* = [M_i \Delta x_i, M_i \Delta(D_i x_i), M_i \Delta^2 x_i]$,$f = M_i \Delta F$,$z_i = M_i \Delta \xi_i$。$\psi_i$ 中包含了 δ_i、γ_i 和 $A_i(L)$。

由于 x_{it} 或与 F_t 相关,或与 π_i 相关,或与两者都相关,因此需使用 Bai(2009)和 Bai 和 Carrion-i-Silvestre(2013)提出的联合最小二乘估计法(Iterating joint least squares estmation)来估计(ψ_i, f, Π),其中 Π 为($N \times r$)阶载荷矩阵。

最小二乘的目标函数为:

$$SSR(\psi_i, f, \Pi) = \sum_{i=1}^{N}(y_i^* - x_i^*\psi_i - f\pi_i)'(y_i^* - x_i^*\psi_i - f\pi_i) \quad (5-10)$$

满足约束条件 $f'f/(T-m-2) = I_r$,且 $\Pi'\Pi$ 为斜对角阵。集中化 Π 后,最小二乘估计量 $(\hat{\psi}_1, \cdots, \hat{\psi}_N, \hat{f})$ 必须满足以下的非线性方程:

$$\hat{\psi}_i = (x_i^{*'}x_i^*)^{-1}x_i^{*'}(y_i^* - \hat{f}\hat{\pi}_i), \quad (i=1, 2, \cdots, N) \quad (5-11)$$

$$\left[\frac{1}{NT^*}\sum_{i=1}^{N}(y_i^* - x_i^*\hat{\psi}_i)(y_i^* - x_i^*\hat{\psi}_i)'\right]\hat{f} = \hat{f}V_{NT^*} \quad (5-12)$$

其中,V_{NT^*} 为括号内矩阵前 r 个最大特征值组成的对角矩阵,$T^* = T - m - 2$。

显然,给定 ψ_i 就可以估计出 f,同样,给定 f 就可以估计出 ψ_i,因此可以通过迭代法估计出 $\hat{\psi}_i$ 和 $\hat{f}$。得到 $(\hat{\psi}_i, \hat{f})$ 后可以估计出因子载荷 $\hat{\pi}_i = (T-m-2)^{-1}(y_i^* - x_i^*\hat{\psi}_i)'\hat{f}$。本章的迭代过程是基于 Bai(2009)提出的一个更稳健的迭代方法,即给定 f 和 π_i,通过式(5-11)计算 $\hat{\psi}_i$,对给定的 ψ_i,通过纯因子模型 $W_i = f\pi_i + \zeta_i$,其中 $W_i = y_i^* - x_i^*\psi_i$,计算 f 和 π_i,循环直至收敛。

最后,定义 $\hat{z}_i = y_i^* - x_i^*\hat{\psi}_i - \hat{f}\hat{\pi}_i$。

于是估计的公共因子为 $\hat{F}_t = \sum_{j=m_1+3}^{t}\hat{f}_j$,异质误差项 $\hat{\xi}_{it} = \sum_{j=m_1+3}^{t}\hat{z}_{ij}$。

基于异质误差项构建 MSB 统计量

$$MSB_{\hat{\xi}}(i) = \frac{T^{-2}\sum_{t=m_1+3}^{T-m_2}\hat{\xi}_{it-1}^2}{\hat{\sigma}_i^2} \quad (5-13)$$

其中,$\hat{\sigma}_i^2$ 为 $\{\Delta\xi_{it}\}$ 长期方差的估计值。根据 Ng 和 Perron(2001),$\hat{\sigma}_i^2 = \frac{\hat{\sigma}_{p_i,i}^2}{(1-\hat{\phi}_i(1))^2}$,其中 $\hat{\phi}_i(1) = \sum_{j=1}^{p}\hat{\phi}_{ij}$,$\hat{\sigma}_{p_i,i}^2 = (T-m-p_i-1)^{-1}\sum_{t=p_i+m_1+2}^{T-m_2}\hat{v}_{it}^2$,而 $\hat{\phi}_{ij}$ 和 $\hat{v}_{it}^2$ 为辅助回归方程(5-14)的 OLS 估计量

$$\Delta\hat{\xi}_{it} = \phi_{i0}\hat{\xi}_{it-1} + \sum_{j=1}^{p_i} \phi_{ij}\Delta\hat{\xi}_{it-j} + v_{it} \tag{5-14}$$

从而构造的面板统计量为：

$$\overline{MSB_{\hat{\xi}}}(N) = N^{-1}\sum_{i=1}^{N} MSB_{\hat{\xi}}(i) \tag{5-15}$$

对于统计量 $\overline{MSB_{\hat{\xi}}}(N)$，需要做以下几点说明：

第一，本章用以计算残差的参数是从差分方程(5-8)估计得出的，而不是基于水平方程(5-1)。Westerlund 和 Edgerton(2008)指出，当 y_{it} 和 x_{it} 非平稳时，它们水平值的回归很可能就是非平稳的，此时回归估计的参数并不能收敛到常数，相反是渐近随机的。而基于差分数据的回归能有效降低这种随机性，从而简化统计量的渐近性质。而且主成分估计也是基于差分形式，Bai 和 Ng(2004)认为，当异质误差平稳时，公共因子和因子载荷的主成分估计都是一致的，而当异质误差存在单位根时，即使公共因子是可观测的，对公共因子的回归也是伪回归，而且因子载荷和异质误差的估计都不一致。Bai(2009)证明了用该迭代法估计出的 $(\hat{\psi}_i, \hat{f}, \hat{\Pi})$ 均为一致估计量，且因为差分变量都是 $I(0)$，$\hat{\psi}_i$ 的收敛速度为 $\sqrt{T}$。虽然 Δx_{it} 和 ΔF_t 相关，但是 $\hat{f}$ 和 $\hat{\Pi}$ 的性质接近于纯因子模型。

第二，对于公共因子个数 r 的估计，这里采用 Bai 和 Ng(2004) 推荐的面板 BIC 信息准则来确定。即

$$\hat{r} = \underset{k=0,\cdots,k_{max}}{\operatorname{argmin}} \left[\log(\hat{\sigma}^2(k)) + k\log\left(\frac{NT}{N+T}\right)\frac{N+T}{NT} \right]$$

其中，$\hat{\sigma}(k) = \frac{1}{NT}\sum_{i=1}^{N}\sum_{t=m_1+3}^{T-m_2}\hat{z}_{ij}$。

第三，对于断点的估计，本章将采用两步迭代法(Two-step iterative procedure)进行估计。根据 Bai 和 Perron(1998)的策略，对每个截面先估计差分方程(5-9)，使其残差平方和达到最小的断点即为断点的估计。Bai 和 Carrion-i-Silvestre(2009)以及 Banerjee 和 Carrion-i-Silvestre(2015)结合 Bai 和 Perron(1998)的策略提出两步迭代法估计断点和模型参数。第一步，定义 $y_i^* = x_i^*\psi_i + \zeta_i$，其中 $\zeta_i = f\pi_i + z_i$。

由于$f=M_i\Delta F$为零均值①,故可以视其为回归残差的一部分。使用最小二乘法估计出各断点。第二步,将断点当作已知,代入式(5-11)、式(5-12)迭代求得$(\hat{\psi}_i, \hat{f}, \hat{\Pi})$。然后定义$y_i^* - \hat{f}\hat{\pi}_i = x_i^*\psi_i + z_i$重新开始第一步进行迭代,直到断点、公共因子和载荷均收敛为止。如果每个截面个体存在不止一个突变点,使用 Bai 和 Perron(2003)提出的动态规划算法(Dynamic programming algorithm)和 BIC 信息准则来估计断点个数,再使用格点搜索法确定断点位置。

第四,对于式(5-13)中长期方差的估计也可使用 Newey-West 方法(Newey 和 West,1994),即

$$\hat{\sigma}_i^2 = \frac{1}{T-m-2}\sum_{t=m_1+3}^{T-m_2}\hat{v}_{it}'\hat{v}_{it} + \sum_{j=1}^{J}\left(1-\frac{j}{J+1}\right)\left(\frac{2}{T-m-2}\sum_{t=m_1+3}^{T-m_2}\hat{v}_{it+j}'\hat{v}_{it}\right)$$

其中,$\hat{v}_{it}=\hat{\xi}_{it}-\hat{\phi}_i\hat{\xi}_{it-1}$,$\hat{\phi}_i$ 为 $\hat{\xi}_{it}$ 对 $\hat{\xi}_{it-1}$ 的回归系数。

Bai 和 Carrion-i-Silvestre(2009)证明了该估计的一致性。

第五,对于模型选择问题,使用薛景(2012)以及王维国等(2013)提出的 SIC^* 准则来确定,即

$$SIC^* = \frac{k}{NT}\ln(NT) + \ln\left(\frac{RSS}{NT}\right)$$

其中,$RSS = \sum_{i=1}^{N}RSS_i$,$k$ 为待估参数个数,N 为截面单元个数,T 为时间跨度,RSS_i 为每个截面单元一阶差分方程(5-9)的残差平方和。

2. 公共因子检验

当 $r=1$ 时,本章将采用两种方法进行检验。

方法一,继续使用 MSB 统计量,将式(5-13)中的 $\hat{\xi}_{it}$ 替换成 $\hat{F}_t$,构建统计量

$$MSB_{\hat{F}} = \frac{T^{-2}\sum_{t=m_1+3}^{T-m_2}\hat{F}_{it-1}^2}{\hat{\sigma}_f^2},\text{其中} \hat{\sigma}_f^2 \text{为} \hat{f}_t \text{的长期方差。}$$

---

① 假定 ΔF 的均值为0,则 f 的均值为0。如果 ΔF 的均值不为0,可以重新定义模型中的截距项从而使 ΔF 的均值为0[参见 Bai 和 Carrion-i-Silvestre(2009)脚注8或者 Banerjee 和 Carrion-i-Silvestre(2015)脚注8]。

方法二，使用 Banerjee 和 Carrion-i-Silvestre（2015）提出的 ADF 型统计量来检验 F_t 的单整阶数。令 $\hat{F}_t^c$ 和 $\hat{F}_t^\tau$ 分别表示去均值（模型 1、模型 2、模型 3）和去趋势（模型 4、模型 5、模型 6）的公共因子。对 $\hat{F}_t^l(l=\{c,\tau\})$ 进行 ADF 检验，即检验方程（5-16）中 ζ_0 是否等于 0。令 $ADF_{\hat{F}}^l$ 表示该检验的 ADF 统计量。

$$\Delta \hat{F}_t^l = \zeta_0 \hat{F}_{t-1}^l + \sum_{j=1}^{p_i} \zeta_j \Delta \hat{F}_{t-j}^l + \varpi_t \tag{5-16}$$

在下文的蒙特卡洛模拟中将比较这两种检验的效果。

当 $r>1$ 时，本章采用 Bai 和 Ng（2004）提出的统计量来确定公共随机趋势的个数（q）。$\hat{F}_t^c$ 和 $\hat{F}_t^\tau$ 分别表示去均值和去趋势的公共因子。从 $q=r$ 开始，检验分三步：

第一步：令 $\hat{\alpha}_\perp$ 表示 $T^{-2}\sum_{t=m_1+3}^{T-m_2} \hat{F}_t^l \hat{F}_t^{l\prime}$，$l=\{c,\tau\}$ 前 q 个最大特征值对应的 q 个特征向量。

第二步：令 $\hat{Y}_t^l = \hat{\alpha}_\perp \hat{F}_t^l$。由此定义两个统计量：用非参方法处理自相关的统计量 $MQ_c^l(q)$ 和用参数方法处理自相关的统计量 $MQ_f^l(q)$：

（1）令 $K(j) = 1 - \dfrac{j}{J+1}$，$j=0,1,2,\cdots,J$；

①令 $\hat{y}_t^l$ 为 $\hat{Y}_t^l$ 一阶 VAR 的估计残差，且令 $\hat{\Sigma}_1^l = \sum_{j=1}^{J} K(j)\left(T^{-1}\sum_{t=m_1+3}^{T-m_2} \hat{y}_t^l \hat{y}_t^{l\prime}\right)$，

②令 $\hat{v}_c^l(q)$ 为 Φ_c^l 的最小特征值，其中

$\Phi_c^l = \dfrac{1}{2}\left[\sum_{t=m_1+3}^{T-m_2}(\hat{Y}_t^l \hat{Y}_{t-1}^{l\prime} + \hat{Y}_{t-1}^l \hat{Y}_t^{l\prime}) - T(\hat{\Sigma}_1^l + \hat{\Sigma}_1^{l\prime})\right]\left(T^{-1}\sum_{t=m_1+3}^{T-m_2} \hat{Y}_{t-1}^l \hat{Y}_{t-1}^{l\prime}\right)^{-1}$，

③定义 $MQ_c^l(q) = T[\hat{v}_c^l(q) - 1]$。

（2）对不依赖于 N 和 T 的固定 p：

①估计 $\Delta \hat{Y}_t^l$ 的 p 阶 VAR 得到 $\hat{\Psi}(L) = I_q - \hat{\Psi}_1 L - \cdots - \hat{\Psi}_p L^p$。用 $\hat{\Psi}(L)$ 过滤 $\hat{Y}_t^l$，得到 $\hat{y}_t^l = \hat{\Psi}(L) \hat{Y}_t^l$，

②令 $\hat{v}_f^l(q)$ 为 Φ_f^l 的最小特征值，其中

$$\Phi_f^l = \frac{1}{2}\Big[\sum_{t=m_1+3}^{T-m_2}(\hat{y}_t^l\hat{y}_{t-1}^{l\prime} + \hat{y}_{t-1}^l\hat{y}_t^{l\prime})\Big](T^{-1}\sum_{t=m_1+3}^{T-m_2}\hat{y}_{t-1}^l\hat{y}_{t-1}^{l\prime})^{-1},$$

③定义 $MQ_f^l(q) = T[\hat{v}_f^l(q) - 1]$。

第三步：如果 $H_0: r_1 = q$ 被拒绝，设 $q = q-1$，重新开始第一步。如果接受原假设，则 $\hat{r}_1 = q$，停止检验。

三 渐近性质

下面将结合模型和假设给出统计量的渐近分布。首先，本节给出部分符号说明。$W_i(s)$ 为定义在 $s \in [0,1]$ 上的标准布朗运动（Standard Brownian motion），$W_i^u(s) \triangleq W_i(s) - \int_0^1 W_i(r)dr$ 为中心化标准布朗运动（Demeaned standard Brownian motion），$V_i(s) \triangleq W_i(s) - sW_i(1)$ 为标准布朗桥（Standard Brownian bridge）。

定理 5.1：令 $\{y_{it}\}$ 为式（5-1）至式（5-6）生成的随机过程，式（5-14）的自回归阶数 p_i 满足 $p_i \to \infty$，$\dfrac{p_i^3}{\min[N,T]} \to 0$。在假设 1 至假设 4 下，当 $N, T \to \infty$ 时，

（1）在原假设 $\rho_i = 0$ 即无协整关系的原假设下，

①对于只含有截距项的模型，即模型 1、模型 2、模型 3，

$$MSB_{\hat{\xi}}(i) \Rightarrow \int_0^1 W_i(s)^2 ds \tag{5-17}$$

②对于含有趋势项的模型，即模型 4、模型 5、模型 6，

$$MSB_{\hat{\xi}}(i) \Rightarrow \int_0^1 V_i(s)^2 ds \tag{5-18}$$

（2）当 $r = 1$，在原假设 F_t 有一个单位根下，

①对于只含有截距项的模型，即模型 1、模型 2、模型 3，

$$MSB_{\hat{F}} \Rightarrow \int_0^1 W(s)^2 ds, \quad ADF_{\hat{F}}^c \Rightarrow \frac{\int_0^1 W^u(s)dW^u(s)}{\sqrt{\int_0^1 W^u(s)^2 ds}} \tag{5-19}$$

②对于含有趋势项的模型，即模型 4、模型 5、模型 6，

$$MSB_{\hat{F}} \Rightarrow \int_0^1 V(s)^2 ds, \quad ADF_{\hat{F}}^{\tau} \Rightarrow \frac{\int_0^1 W^d(s) dW^d(s)}{\sqrt{\int_0^1 W^d(s)^2 ds}} \tag{5-20}$$

其中，$W^d(s) = W(s) - (4-6s)\int_0^1 W(u)du - (-6+12s)\int_0^1 uW(u)du$。

(3) 当 $r > 1$ 时，令 $W_q^l(s)$ ($l = \{c, \tau\}$) 表示退势的布朗运动①，$v_*^l(q)$ 为：

$$\Theta_*^l = \frac{1}{2}\left[W_q^l(1) W_q^l(1)' - I_p \right] \left[\int_0^1 W_q^l(s) W_q^l(s)' ds \right]^{-1}$$ 的最小特征值，

① 设 J 为巴特利特核的截断点，且满足当 $J \to \infty$ 时 $\dfrac{J}{\min[\sqrt{N}, \sqrt{T}]} \to 0$。在 F_t 有 q 个随机趋势的原假设下，$MQ_c^l(q) \Rightarrow v_*^l(q)$。

② 假定可以用一个有限 $VAR(\bar{p})$ 来表示有 q 个随机趋势的因子 F_t，且可以用 $VAR(p)$ ($p \geq \bar{p}$) 进行估计，那么，在 F_t 有 q 个随机趋势的原假设下，$MQ_f^l(q) \Rightarrow v_*^l(q)$。

假定异质误差项 ξ_{it} 截面独立，即模型中的所有截面相关都被公共因子 F_t 所刻画，同时由**定理 5.1** 可知，个体 $MSB_{\hat{\xi}}(i)$ 统计量的极限并不依赖于公共因子，因此这些个体统计量都是渐近独立的，可以将它们合并（Pooling）从而得到面板统计量。根据中心极限定理，$\sqrt{N}$ 倍的统计量的截面平均值将依分布收敛于一个正态变量。

定理 5.2：在原假设和假设 1 至假设 4 以及**定理 5.1** 的条件下，

$$MSB_{\hat{\xi}} = \sqrt{N}\frac{\overline{MSB_{\hat{\xi}}(i)} - \bar{\vartheta}}{\bar{\kappa}} \sim N(0, 1) \tag{5-21}$$

其中，$\overline{MSB_{\hat{\xi}}(i)} = N^{-1}\sum_{i=1}^N MSB_{\hat{\xi}}(i)$，$\bar{\vartheta} = N^{-1}\sum_{i=1}^N \vartheta_i$，$\bar{\kappa}^2 = N^{-1}\sum_{i=1}^N \kappa_i^2$，$\vartheta_i$ 和 κ_i^2 分别表示 $MSB_{\hat{\xi}}(i)$ 的均值和方差。

---

① $W_q^c(s)$ 和 $W_q^{\tau}(s)$ 分别为定理 5.1(2) 中的 $W^u(s)$ 和 $W^d(s)$。

第五章
基于 BC 法的截面相关下的变结构面板协整检验

说明：(1)**定理 5.1**(1)中关于有突变模型检验统计量的证明见附录 A，**定理 5.1**(1)中关于无突变模型检验统计量以及**定理 5.1**(2)中关于 $MSB_{\hat{F}}$ 统计量的证明见 Bai 和 Carrion-i-Silvestre(2013)，$ADF_{\hat{F}}^l$ 统计量的证明见 Banerjee 和 Carrion-i-Silvestre(2015)，**定理 5.1**(3)的证明见 Bai 和 Ng(2004)。

(2)由**定理 5.1** 及其证明可知，断点的存在并不影响渐近分布的形式，这与 Banerjee 和 Carrion-i-Silvestre(2006、2015)以及 Westerlund 和 Edgerton(2005、2008)等学者的结论一致。但是如果忽略断点，将会造成检验水平和检验势的严重扭曲，导致各个检验产生偏误，下文的蒙特卡洛模拟给出了忽略断点所导致的后果。

(3)显然，使用统计量进行应用分析前首先须得到统计量极限随机变量的均值和方差。Bai 和 Carrion-i-Silvestre(2013)给出了 ϑ_i 和 κ_i^2 的值，对于只含有截距项的情形(模型 1、模型 2、模型 3)，$\vartheta_i = \frac{1}{2}$，$\kappa_i^2 = \frac{1}{3}$，对于含有趋势项的情形(模型 4、模型 5、模型 6)，$\vartheta_i = \frac{1}{6}$，$\kappa_i^2 = \frac{1}{45}$。对 F_t 进行检验还需知道各统计量的临界值。通过模拟 100000 个 $T=10000$ 的随机游走，经过计算可得，对于只含有截距项的情形(模型 1、模型 2、模型 3)，$MSB_{\hat{F}}$ 统计量 5%的临界值为 0.0563，$ADF_{\hat{F}}^c$ 统计量 5%的临界值为 -2.8684，对于含有趋势项的情形(模型 4、模型 5、模型 6)，$MSB_{\hat{F}}$ 统计量 5%的临界值为 0.0365，$ADF_{\hat{F}}^c$ 统计量 5%的临界值为 -3.4204。

(4)在证明过程中，本书只给出了断点已知的情形。如果断点是估计出的，结论是否仍然成立呢？Bai 和 Carrion-i-Silvestre(2009)证明了由于估计断点的一致性和快速收敛率，估计的断点矩阵实际可以被视为已知。因此，基于已知断点的统计量的渐近分布同样适用于基于该方法估计出的断点构造出的统计量。

第三节 蒙特卡洛模拟

一 数据生成过程

假设数据生成过程为方程（5-1）至方程（5-6），为简便起见，参数设定如下。$\alpha_i = \delta_i = G_i(L) = H_i(L) = 1$，$A_i$，$B_i$ 均为全1向量，所有系数对各截面都相同。异质误差项的生成过程为 $e_{i,t} = \rho_i e_{i,t-1} + \varepsilon_{i,t}$，$\rho_i = \{0.9, 0.95, 1\}$。公共因子的生成过程为 $F_{j,t} = \varpi F_{j,t-1} + w_{j,t}$，$j = 1$，$\cdots$，$r$，$\varpi = \{0.8, 0.9, 1\}$，$r = \{1, 2\}$。$w_{j,t} \overset{i.i.d.}{\sim} N(0, 1)$，$(\varepsilon_{it}, v_{it}) \overset{i.i.d.}{\sim} N(0, \Omega_i)$，其中 Ω_i 为对角线上为1，非对角线上为0.5的矩阵。$C_{it} \overset{i.i.d.}{\sim} N(0, 1)$，$\pi_i \overset{i.i.d.}{\sim} N(0, 1)$。断点设在样本中点处。

对于模型1，$\beta_i = \theta_i = \gamma_i = 0$；对于模型2，$\beta_i = \gamma_i = 0$，$\theta_i = 5$；对于模型3，$\beta_i = 0$，$\theta_i = \gamma_i = 5$；对于模型4，$\beta_i = 1$，$\theta_i = \gamma_i = 0$；对于模型5，$\beta_i = 1$，$\theta_i = 5$，$\gamma_i = 0$；对于模型6，$\beta_i = 1$，$\theta_i = \gamma_i = 5$。

本节生成1000个时间维度为 $T + 50$ 的面板数据，舍弃前50个数据以降低初值效应，所有的初值都设为0，$T = \{100, 200\}$，$N = \{20, 40\}$①。设定最大公共因子个数 $r_{max} = 3$，$m_1 = m_2 = \mathrm{int}(2(\min\{N, T\}/100)^{1/4})$②，带宽和滞后阶数 p_i 均为 $\mathrm{int}\left(4\left(\dfrac{T}{100}\right)^{\frac{2}{9}}\right)$。为了避免断点在样本的末端，设定截断为0.1，即 $0.1 \leq \lambda_i \leq 0.9$。以下所有的计算工作都是由 GAUSS9.0 软件完成。

二 $MSB_{\hat{\xi}}$ 的检验水平和检验势

表5-1给出了名义水平为5%的检验水平，表5-2为 $\rho_i = 0.9$ 和 $\rho_i = 0.95$ 的检验势。

---

① 由于篇幅所限，正文中只给出了 $T = 200$，$N = 20$ 的表格，$T = 100$，$N = 20$ 以及 $T = 100$，$N = 40$ 的结果请见附录B。

② $\mathrm{int}(x)$ 表示比 x 小的最大整数。

首先，从检验水平（见表5-1）来看，①对各个检验模型而言，基于断点和公共因子真值的检验水平（第7列）较好，基于两者估计值的检验水平（第3列）与基于真值的检验水平基本接近；②含有趋势项模型（模型4、模型5、模型6）的检验要略优于只含有截距项模型的检验（模型1、模型2、模型3）；③忽视截面相关（第4列）会导致检验水平扭曲，检验水平明显高于真实的显著性水平，导致过度拒绝原假设，随着 ϖ 越来越接近于1，扭曲程度增大，但当因子是非平稳即 $\varpi=1$ 时扭曲程度有所缓解；④当模型只有水平值存在断点（模型2和模型5）时，忽视断点的检验（第5列）的检验水平没有太大变化，但是当突变改变了协整向量（模型3和模型6）时，忽视断点将导致严重的检验水平扭曲，例如对于模型3，当 $\varpi<1$ 时，检验水平几乎达到了1，但当 $\varpi=1$ 时，扭曲程度有所缓解，检验水平为0.20；⑤对各个模型而言，同时忽略截面相关和断点（第6列）都会造成不同程度的水平扭曲，其检验水平都明显高于真实的显著性水平，但当因子非平稳时，扭曲程度有所缓解；⑥比较表5-1和本书附录B中表B-1以及表B-3可知，随着时间维度样本量的增加，各模型的检验水平得到明显的改善。

表5-1　　　　MSB_ξ 检验水平（$T=200$，$N=20$，$r=2$）

模型	ϖ	$(\hat{\lambda}_i,\hat{r})$	$(\hat{\lambda}_i,0)$	$(0,\hat{r})$	$(0,0)$	(λ_i,r)
1	0.8	0.07	0.23	0.07	0.23	0.07
	0.9	0.07	0.30	0.07	0.30	0.08
	1	0.07	0.17	0.07	0.17	0.07
2	0.8	0.06	0.14	0.07	0.17	0.06
	0.9	0.07	0.22	0.08	0.24	0.06
	1	0.07	0.19	0.09	0.19	0.08
3	0.8	0.06	0.22	1.00	1.00	0.07
	0.9	0.07	0.30	1.00	1.00	0.07
	1	0.08	0.18	0.20	0.30	0.08

续表

模型	ϖ	$(\hat{\lambda}_i,\hat{r})$	$(\hat{\lambda}_i,0)$	$(0,\hat{r})$	$(0,0)$	(λ_i,r)
4	0.8	0.04	0.35	0.04	0.35	0.04
	0.9	0.06	0.39	0.06	0.39	0.06
	1	0.05	0.22	0.05	0.22	0.05
5	0.8	0.04	0.33	0.05	0.42	0.05
	0.9	0.04	0.38	0.05	0.48	0.05
	1	0.04	0.18	0.05	0.18	0.05
6	0.8	0.04	0.38	1.00	1.00	0.05
	0.9	0.05	0.39	1.00	1.00	0.05
	1	0.04	0.18	0.07	0.33	0.04

注：(1) 显著性水平为5%；(2) (a,b) 表示检验时所选择的断点和公共因子的形式，$(\hat{\lambda}_i,\hat{r})$ 表示检验基于两者的估计值，$(\hat{\lambda}_i,0)$ 表示检验时只估计了断点，$(0,\hat{r})$ 表示检验时只估计了公共因子个数，$(0,0)$ 表示检验时两者都没有估计，(λ_i,r) 表示检验基于两者的真值。下同。

其次，从检验势（见表5-2）来看，①对于每个检验模型，基于断点和公共因子真值的检验功效（第8列）很好，接近于1，基于两者估计值的检验功效（第4列）与基于真值的检验功效非常接近；②当其他条件不变，随着 ρ 越来越远离1或者 ϖ 越来越远离1，检验功效（第4列）增大，如模型6，当 $\rho=0.95$ 且 $\varpi=1$ 时，检验功效为0.95，当 $\rho=0.9$ 且 $\varpi=1$ 时，检验功效为1，当 $\rho=0.95$ 且 $\varpi=0.8$ 时，检验功效为0.96；③当因子非平稳（$\varpi=1$）时，忽视截面相关的检验（第5列）会导致检验功效的严重扭曲，如模型6，当 $\rho=0.95$ 且 $\varpi=1$ 时，忽视公共因子的检验功效仅为0.47；④当突变改变了协整向量（模型3、模型6）且因子非平稳时，忽视断点的检验（第6列）将导致检验功效的严重扭曲，如模型6，当 $\rho=0.95$ 且 $\varpi=1$ 时，忽视公共因子的检验功效仅为0.09；⑤当因子非平稳时，同时忽略截面相关和断点的检验（第7列）会导致各个检验模型的检验功效严重扭曲，如对只含有截距项的水平突变模型2，当

$\rho=0.9$ 且 $\varpi=1$ 时，同时忽略公共因子和断点的检验功效仅为 0.47；⑥比较表 5-2 和附录中表 B-2 以及表 B-4 可知，随着时间或者截面维度样本量的增加，各模型的检验水平得到明显的改善。

表 5-2　　$MSB_{\hat{\xi}}$ 检验势（$T=200$，$N=20$，$r=2$）

模型	ρ	ϖ	$(\hat{\lambda}_i,\hat{r})$	$(\hat{\lambda}_i,0)$	$(0,\hat{r})$	$(0,0)$	(λ_i,r)
1	0.95	0.8	1.00	1.00	1.00	1.00	1.00
		0.9	1.00	1.00	1.00	1.00	1.00
		1	1.00	0.50	1.00	0.50	1.00
	0.9	0.8	1.00	1.00	1.00	1.00	1.00
		0.9	1.00	1.00	1.00	1.00	1.00
		1	1.00	0.53	1.00	0.53	1.00
2	0.95	0.8	0.99	1.00	1.00	1.00	1.00
		0.9	1.00	1.00	1.00	1.00	1.00
		1	0.99	0.53	0.99	0.51	1.00
	0.9	0.8	1.00	1.00	1.00	1.00	1.00
		0.9	1.00	1.00	1.00	1.00	1.00
		1	1.00	0.49	1.00	0.47	1.00
3	0.95	0.8	1.00	1.00	1.00	1.00	1.00
		0.9	1.00	1.00	1.00	1.00	1.00
		1	1.00	0.51	0.19	0.29	1.00
	0.9	0.8	1.00	1.00	1.00	1.00	1.00
		0.9	1.00	1.00	1.00	0.99	1.00
		1	1.00	0.54	0.18	0.31	1.00
4	0.95	0.8	0.97	1.00	0.97	1.00	0.97
		0.9	0.97	0.98	0.97	0.98	0.97
		1	0.95	0.46	0.95	0.46	0.95
	0.9	0.8	1.00	1.00	1.00	1.00	1.00
		0.9	1.00	0.99	1.00	0.99	1.00
		1	1.00	0.54	1.00	0.54	1.00

续表

模型	ρ	ϖ	$(\hat{\lambda}_i,\hat{r})$	$(\hat{\lambda}_i,0)$	$(0,\hat{r})$	$(0,0)$	(λ_i,r)
5	0.95	0.8	0.94	0.99	0.96	0.99	0.97
		0.9	0.94	0.97	0.97	0.98	0.96
		1	0.92	0.46	0.95	0.48	0.95
	0.9	0.8	1.00	1.00	1.00	1.00	1.00
		0.9	1.00	1.00	0.99	1.00	1.00
		1	1.00	0.53	1.00	0.54	1.00
6	0.95	0.8	0.96	1.00	1.00	1.00	0.96
		0.9	0.96	0.98	1.00	1.00	0.96
		1	0.95	0.47	0.09	0.32	0.95
	0.9	0.8	1.00	1.00	1.00	1.00	1.00
		0.9	1.00	1.00	0.99	1.00	1.00
		1	1.00	0.54	0.09	0.36	1.00

三 $MSB_{\hat{F}}$ 和 $ADF_{\hat{F}}$ 的检验水平和检验势

表 5-3 给出了名义水平为 5% 的两种统计量检验水平，表 5-4 为 $\varpi=0.9$ 和 $\varpi=0.8$ 的检验势。

从检验水平（见表 5-3）来看，①无论是 MSB 型统计量还是 ADF 型统计量，基于断点和公共因子估计值的检验水平（第 3 列、第 6 列）与基于真值的检验水平（第 5 列、第 8 列）非常接近；②无论是比较基于估计值的检验水平还是比较基于真值的检验水平，ADF 型统计量都优于 MSB 型统计量；③模型扰动项的平稳性即 ρ 的大小对 MSB 型统计量和 ADF 型统计量检验水平的影响不大；④无论是 MSB 型统计量还是 ADF 型统计量，无论是水平突变模型（模型 2、模型 4）还是协整向量突变模型（模型 3、模型 6），忽视断点（第 4 列、第 7 列）都严重扭曲了检验水平，如模型 6，当 $\rho=1$ 时，忽视了断点的 MSB 型检验的检验水平为 0.47，忽视了断点的 ADF 型检验的检验水平为 0.00；⑤比较表 5-3 和附录中表 B-5 和表 B-7 可知，T 或 N 的增大使 MSB 型统计量的检验水平有所改善，其基于估计值的检验水平与基于真实值的检验水平更加接近，而ADF型统计量的检验水平一直很好。

表 5-3　$MSB_{\hat{F}}$ 和 $ADF_{\hat{F}}$ 检验水平（$T=200$，$N=20$，$r=1$）

模型	ρ	$MSB_{\hat{F}}$			$ADF_{\hat{F}}$		
		$(\hat{\lambda}_i,\hat{r})$	$(0,\hat{r})$	(λ_i,r)	$(\hat{\lambda}_i,\hat{r})$	$(0,\hat{r})$	(λ_i,r)
1	1	0.06	0.06	0.06	0.06	0.06	0.05
	0.95	0.05	0.05	0.04	0.05	0.05	0.05
	0.9	0.08	0.08	0.07	0.05	0.05	0.05
2	1	0.07	0.86	0.06	0.07	0.01	0.07
	0.95	0.07	0.83	0.07	0.06	0.00	0.05
	0.9	0.06	0.79	0.05	0.05	0.01	0.04
3	1	0.07	0.47	0.06	0.05	0.00	0.05
	0.95	0.08	0.44	0.08	0.06	0.00	0.06
	0.9	0.08	0.45	0.07	0.06	0.00	0.07
4	1	0.08	0.08	0.07	0.05	0.05	0.05
	0.95	0.08	0.08	0.07	0.06	0.06	0.06
	0.9	0.06	0.06	0.05	0.04	0.04	0.04
5	1	0.07	0.87	0.06	0.06	0.01	0.06
	0.95	0.08	0.83	0.07	0.06	0.00	0.06
	0.9	0.08	0.78	0.08	0.06	0.01	0.06
6	1	0.07	0.47	0.06	0.04	0.00	0.04
	0.95	0.08	0.45	0.07	0.07	0.00	0.07
	0.9	0.08	0.43	0.07	0.05	0.00	0.05

根据检验势（见表5-4）可以得出以下结论：①两个统计量基于断点和公共因子估计值的检验功效（第4列、第7列）与基于真值的检验功效（第6列、第9列）基本接近；②无论是比较基于估计值的检验功效还是比较基于真值的检验功效，总体而言，ADF型统计量优于MSB型统计量；③两个统计量的检验势都偏低，但随着ρ越来越远离1或者ϖ越来越远离1，检验功效（第4列、第7列）

增大，如模型2，当$\varpi=0.9$且$\rho=0.95$时，MSB型统计量的检验功效为0.53，ADF型统计量的检验功效为0.53，当$\varpi=0.9$且$\rho=0.9$时，MSB型统计量的检验功效为0.55，ADF型统计量的检验功效为0.55，当$\varpi=0.8$且$\rho=0.95$时，MSB型统计量的检验功效为0.64，ADF型统计量的检验功效为0.75；④无论是水平突变模型（模型2、模型4）还是协整向量突变模型（模型3、模型6），忽视断点都严重扭曲了检验功效，MSB型统计量的检验功效（第5列）严重偏大，ADF型统计量的检验功效（第6列）严重偏小，如模型5，当$\varpi=0.8$且$\rho=0.9$时，基于真值的MSB型统计量检验功效为0.67，而忽视断点的MSB型统计量检验功效为0.91，基于真值的ADF型统计量检验功效为0.85，而忽视断点的ADF型统计量检验功效为0.22；⑤比较表5-4和附录中表B-6和表B-8可知，T或N的增大能够提高两个统计量的检验功效。

表5-4 　　$MSB_{\hat{F}}$和$ADF_{\hat{F}}$检验势（$T=200$，$N=20$，$r=1$）

模型	ϖ	ρ	$MSB_{\hat{F}}$ $(\hat{\lambda}_i,\hat{r})$	$(0,\hat{r})$	(λ_i,r)	$ADF_{\hat{F}}$ $(\hat{\lambda}_i,\hat{r})$	$(0,\hat{r})$	(λ_i,r)
1	0.9	1	0.47	0.47	0.46	0.47	0.47	0.47
		0.95	0.64	0.64	0.63	0.66	0.66	0.67
		0.9	0.64	0.64	0.64	0.71	0.71	0.71
	0.8	1	0.52	0.52	0.51	0.64	0.64	0.65
		0.95	0.73	0.73	0.73	0.94	0.94	0.95
		0.9	0.77	0.77	0.77	0.96	0.96	0.97
2	0.9	1	0.42	0.92	0.44	0.42	0.05	0.46
		0.95	0.53	0.91	0.59	0.53	0.07	0.59
		0.9	0.55	0.89	0.58	0.55	0.12	0.63
	0.8	1	0.49	0.92	0.53	0.56	0.08	0.63
		0.95	0.64	0.93	0.69	0.75	0.13	0.88
		0.9	0.70	0.92	0.75	0.79	0.17	0.91

续表

模型	ϖ	ρ	$MSB_{\hat{F}}$ $(\hat{\lambda}_i,\hat{r})$	$(0,\hat{r})$	(λ_i,r)	$ADF_{\hat{F}}$ $(\hat{\lambda}_i,\hat{r})$	$(0,\hat{r})$	(λ_i,r)
3	0.9	1	0.44	0.54	0.44	0.40	0.01	0.40
		0.95	0.64	0.54	0.63	0.64	0.01	0.64
		0.9	0.62	0.55	0.62	0.65	0.01	0.66
	0.8	1	0.56	0.50	0.55	0.58	0.01	0.59
		0.95	0.72	0.49	0.71	0.87	0.01	0.88
		0.9	0.73	0.51	0.72	0.90	0.01	0.91
4	0.9	1	0.43	0.43	0.42	0.39	0.39	0.39
		0.95	0.46	0.46	0.46	0.45	0.45	0.45
		0.9	0.47	0.47	0.47	0.45	0.45	0.45
	0.8	1	0.55	0.55	0.54	0.65	0.65	0.67
		0.95	0.70	0.70	0.69	0.82	0.82	0.82
		0.9	0.70	0.70	0.70	0.89	0.89	0.90
5	0.9	1	0.40	0.91	0.40	0.37	0.06	0.37
		0.95	0.44	0.88	0.46	0.42	0.08	0.44
		0.9	0.47	0.88	0.49	0.41	0.11	0.45
	0.8	1	0.50	0.93	0.52	0.63	0.09	0.66
		0.95	0.63	0.93	0.66	0.75	0.15	0.79
		0.9	0.65	0.91	0.67	0.80	0.22	0.85
6	0.9	1	0.39	0.65	0.39	0.34	0.03	0.34
		0.95	0.46	0.64	0.45	0.44	0.03	0.45
		0.9	0.48	0.64	0.48	0.45	0.04	0.45
	0.8	1	0.39	0.65	0.39	0.34	0.03	0.34
		0.95	0.68	0.58	0.67	0.79	0.02	0.79
		0.9	0.71	0.53	0.71	0.83	0.04	0.84

四 MQ 统计量的选择结果

表 5-5 至表 5-10 给出了各模型使用 MQ 统计量选择趋势个数的结果。

表 5-5 表明，对于只含有截距项的无突变模型（模型 1），①当因子非平稳（$\varpi=1$）时，两个 MQ 统计量即 $MQ_c^l(q)$ 统计量和 $MQ_f^l(q)$ 统计量都能选出正确的趋势个数 2，模型异质误差项的性

质即 ρ 的大小并不影响统计量的结果；②当因子平稳（$\varpi<1$）时，两个 MQ 统计量也都能选出正确的趋势个数 0，但是 ϖ 和 ρ 的大小会对统计量的结果有所影响，当 ϖ 和 ρ 越来越远离 1 时，它们对统计量的影响越来越弱，如当 $\varpi=0.9$ 且 $\rho=1$ 时，$MQ_c^l(q)$ 统计量有 42%的概率选择 0 个趋势，26%的概率选择 1 个趋势，31%的概率选择 2 个趋势，1%的概率选择 3 个趋势，当 $\varpi=0.9$ 且 $\rho=0.9$ 时，$MQ_c^l(q)$ 统计量有 80%的概率选择 0 个趋势，当 $\varpi=0.8$ 且 $\rho=1$ 时，$MQ_c^l(q)$ 统计量有 80%的概率选择 0 个趋势；③比较表 5-5 和附录中表 B-9 以及表 B-15 可知，T 或 N 的增大可以减弱 ϖ 和 ρ 对 MQ 统计量的影响；④两种 MQ 统计量即 $MQ_c^l(q)$ 统计量和 $MQ_f^l(q)$ 统计量的结果一致。

表 5-5 MQ 统计量的选择结果

($T=200$，$N=20$，$r=2$，模型 1)

	ϖ	ρ	($\hat{\lambda}_i,\hat{r}$) 0	1	2	3	$(0,\hat{r})$ 0	1	2	3
$MQ_c^l(q)$	1	1	0.00	0.07	0.92	0.01	0.00	0.07	0.92	0.01
		0.95	0.00	0.06	0.93	0.01	0.00	0.06	0.93	0.01
		0.9	0.00	0.07	0.92	0.01	0.00	0.07	0.92	0.01
	0.9	1	0.42	0.26	0.31	0.01	0.42	0.26	0.31	0.01
		0.95	0.73	0.10	0.16	0.01	0.73	0.10	0.16	0.01
		0.9	0.80	0.08	0.12	0.00	0.80	0.08	0.12	0.00
	0.8	1	0.80	0.17	0.02	0.01	0.80	0.17	0.02	0.01
		0.95	1.00	0.00	0.00	0.00	1.00	0.00	0.00	0.00
		0.9	1.00	0.00	0.00	0.00	1.00	0.00	0.00	0.00
$MQ_f^l(q)$	1	1	0.00	0.06	0.93	0.02	0.00	0.06	0.93	0.02
		0.95	0.00	0.05	0.93	0.02	0.00	0.05	0.93	0.02
		0.9	0.00	0.06	0.93	0.01	0.00	0.06	0.93	0.01
	0.9	1	0.42	0.26	0.31	0.01	0.42	0.26	0.31	0.01
		0.95	0.65	0.16	0.18	0.01	0.65	0.16	0.18	0.01
		0.9	0.71	0.14	0.14	0.01	0.71	0.14	0.14	0.01

第五章
基于 BC 法的截面相关下的变结构面板协整检验

续表

| | ϖ | ρ | \multicolumn{4}{c}{$(\hat{\lambda}_i, \hat{r})$} | \multicolumn{4}{c}{$(0, \hat{r})$} |
			0	1	2	3	0	1	2	3
$MQ_f^l(q)$	0.8	1	0.75	0.23	0.02	0.00	0.75	0.23	0.02	0.00
		0.95	0.99	0.01	0.00	0.00	0.99	0.01	0.00	0.00
		0.9	1.00	0.00	0.00	0.00	1.00	0.00	0.00	0.00

注：（1）显著性水平为 5%；（2）(a,b) 表示检验时所选择的断点和公共因子的形式，$(\hat{\lambda}_i, \hat{r})$ 表示检验基于两者的估计值，$(0, \hat{r})$ 表示检验时只估计了公共因子个数。下同。

表 5-6 表明，对于只含有截距项的水平突变模型（模型 2），①当因子非平稳（$\varpi=1$）时，基于估计值的两个 MQ 统计量（第 4 列至第 7 列）均能选出正确的趋势个数 2，模型异质误差项的性质即 ρ 的大小并不影响统计量的结果；②当因子平稳（$\varpi<1$）时，两个 MQ 统计量也都能选出正确的趋势个数 0，但是 ϖ 和 ρ 的大小会对统计量的结果有所影响，当 ϖ 和 ρ 越来越远离 1 时，它们对统计量的影响越来越弱，如当 $\varpi=0.9$ 且 $\rho=1$ 时，$MQ_c^l(q)$ 统计量有 32% 的概率选择 0 个趋势，29% 的概率选择 1 个趋势，38% 的概率选择 2 个趋势，1% 的概率选择 3 个趋势，当 $\varpi=0.9$ 且 $\rho=0.9$ 时，$MQ_c^l(q)$ 统计量有 60% 的概率选择 0 个趋势，20% 的概率选择 1 个趋势，20% 的概率选择 2 个趋势，当 $\varpi=0.8$ 且 $\rho=1$ 时，$MQ_c^l(q)$ 统计量有 66% 的概率选择 0 个趋势，30% 的概率选择 1 个趋势，4% 的概率选择 2 个趋势；③当因子非平稳（$\varpi=1$）时，忽略了断点的两个 MQ 统计量（第 8 列至第 11 列）均倾向于选择 3 个趋势，即模型设定的最大公共因子个数；④当因子平稳（$\varpi<1$）时，忽略了断点的两个 MQ 统计量（第 8 列至第 11 列）不能选出正确的趋势个数 0，ϖ 和 ρ 的大小对其结果影响很大，当 $\varpi=0.9$ 且 $\rho=1$ 时，忽略了断点的 $MQ_c^l(q)$ 统计量倾向于选择 3 个趋势，当 $\varpi=0.9$ 且 $\rho=0.9$ 时，忽略了断点的 $MQ_c^l(q)$ 统计量倾向于选择选择 1 个趋势，当 $\varpi=0.8$ 且 $\rho=1$ 时，忽略了断点的 $MQ_c^l(q)$ 统计量倾向于

选择1个趋势,即当 ϖ 和 ρ 越接近于1,忽略了断点的 $MQ_c^l(q)$ 统计量倾向于选择3个趋势,而当 ϖ 和 ρ 越远离于1,忽略了断点的 $MQ_c^l(q)$ 统计量倾向于选择1个趋势;⑤比较表5-6和附录中表B-10以及表B-16可知,时间维度或截面维度样本量的增加可以减弱 ϖ 和 ρ 对MQ统计量的影响;⑥两种MQ统计量即 $MQ_c^l(q)$ 统计量和 $MQ_f^l(q)$ 统计量的结果基本一致。

表5-6　　MQ统计量的选择结果

($T=200$, $N=20$, $r=2$, 模型2)

	ϖ	ρ	$(\hat{\lambda}_i, \hat{r})$ 0	1	2	3	$(0, \hat{r})$ 0	1	2	3
$MQ_c^l(q)$	1	1	0.00	0.05	0.93	0.02	0.00	0.01	0.28	0.71
		0.95	0.01	0.07	0.91	0.01	0.00	0.02	0.31	0.67
		0.9	0.00	0.07	0.92	0.01	0.00	0.03	0.37	0.60
	0.9	1	0.32	0.29	0.38	0.01	0.10	0.22	0.28	0.40
		0.95	0.55	0.20	0.24	0.01	0.16	0.27	0.27	0.30
		0.9	0.60	0.20	0.20	0.00	0.22	0.30	0.24	0.24
	0.8	1	0.66	0.30	0.04	0.00	0.24	0.61	0.12	0.03
		0.95	0.91	0.09	0.00	0.00	0.26	0.72	0.01	0.01
		0.9	0.93	0.07	0.00	0.00	0.30	0.69	0.01	0.00
$MQ_f^l(q)$	1	1	0.00	0.04	0.94	0.02	0.00	0.01	0.27	0.72
		0.95	0.00	0.06	0.92	0.02	0.00	0.01	0.30	0.69
		0.9	0.00	0.06	0.93	0.01	0.00	0.02	0.35	0.63
	0.9	1	0.27	0.31	0.41	0.01	0.09	0.22	0.27	0.42
		0.95	0.46	0.26	0.26	0.02	0.13	0.26	0.25	0.36
		0.9	0.52	0.25	0.23	0.00	0.19	0.28	0.24	0.29
	0.8	1	0.63	0.36	0.01	0.00	0.22	0.66	0.09	0.03
		0.95	0.86	0.13	0.01	0.00	0.24	0.75	0.01	0.00
		0.9	0.89	0.11	0.00	0.00	0.29	0.71	0.00	0.00

表5-7表明,对于只含有截距项的水平突变和协整向量突变模

型（模型 3），①当因子非平稳（$\varpi=1$）时，基于估计值的两个 MQ 统计量（第 4 列至第 7 列）均能选出正确的趋势个数 2，模型异质误差项的性质即 ρ 的大小并不影响统计量的结果；②当因子平稳（$\varpi<1$）时，两个 MQ 统计量也都能选出正确的趋势个数 0，但是 ϖ 和 ρ 的大小会对统计量的结果有所影响，当 ϖ 和 ρ 越来越远离 1 时，它们对统计量的影响越来越弱，如当 $\varpi=0.9$ 且 $\rho=1$ 时，$MQ_c^l(q)$ 统计量有 39% 的概率选择 0 个趋势，26% 的概率选择 1 个趋势，34% 的概率选择 2 个趋势，1% 的概率选择 3 个趋势，当 $\varpi=0.9$ 且 $\rho=0.9$ 时，$MQ_c^l(q)$ 统计量有 70% 的概率选择 0 个趋势，12% 的概率选择 1 个趋势，17% 的概率选择 2 个趋势，1% 的概率选择 3 个趋势，当 $\varpi=0.8$ 且 $\rho=0.9$ 时，$MQ_c^l(q)$ 统计量有 99% 的概率选择 0 个趋势，1% 的概率选择 1 个趋势；③无论因子是否平稳（$\varpi=1$ 还是 $\varpi<1$）时，忽略了断点的两个 MQ 统计量（第 8 列至第 11 列）均倾向于选择 0 个趋势，即认为公共因子都是平稳的；④当因子非平稳（$\varpi=1$）时，ρ 的大小并不影响忽略了断点的统计量的结果，但当因子平稳（$\varpi<1$）时，ϖ 和 ρ 的大小对忽略了断点的统计量的结果影响很大，当 $\varpi=0.9$ 且 $\rho=1$ 时，忽略了断点的 $MQ_c^l(q)$ 统计量有 57% 的概率选择 0 个趋势，28% 的概率选择 1 个趋势，10% 的概率选择 2 个趋势，5% 的概率选择 3 个趋势，当 $\varpi=0.9$ 且 $\rho=0.9$ 时，忽略了断点的 $MQ_c^l(q)$ 统计量有 56% 的概率选择 0 个趋势，28% 的概率选择 1 个趋势，13% 的概率选择 2 个趋势，3% 的概率选择 3 个趋势，当 $\varpi=0.8$ 且 $\rho=0.9$ 时，忽略了断点的 $MQ_c^l(q)$ 统计量有 52% 的概率选择 0 个趋势，48% 的概率选择 1 个趋势；⑤比较表 5-7 和附录中表 B-11 以及表 B-17 可知，时间维度或截面维度样本量的增加可以减弱 ϖ 和 ρ 对 MQ 统计量的影响；⑥两种 MQ 统计量即 $MQ_c^l(q)$ 统计量和 $MQ_f^l(q)$ 统计量的结果基本一致。

表 5-7　　　　　MQ 统计量的选择结果
（$T=200$，$N=20$，$r=2$，模型 3）

	ϖ	ρ	\multicolumn{4}{c}{$(\hat{\lambda}_i, \hat{r})$}	\multicolumn{4}{c}{$(0, \hat{r})$}
			0	1	2	3	0	1	2	3
$MQ_c^l(q)$	1	1	0.00	0.05	0.93	0.02	0.62	0.05	0.22	0.11
		0.95	0.00	0.06	0.92	0.02	0.60	0.06	0.23	0.11
		0.9	0.00	0.07	0.92	0.01	0.57	0.05	0.25	0.13
	0.9	1	0.39	0.26	0.34	0.01	0.57	0.28	0.10	0.05
		0.95	0.66	0.15	0.18	0.01	0.57	0.29	0.11	0.03
		0.9	0.70	0.12	0.17	0.01	0.56	0.28	0.13	0.03
	0.8	1	0.75	0.21	0.04	0.00	0.55	0.45	0.00	0.00
		0.95	0.99	0.01	0.00	0.00	0.56	0.44	0.00	0.00
		0.9	0.99	0.01	0.00	0.00	0.52	0.48	0.00	0.00
$MQ_f^l(q)$	1	1	0.00	0.04	0.95	0.01	0.61	0.05	0.22	0.12
		0.95	0.00	0.04	0.94	0.02	0.60	0.05	0.23	0.12
		0.9	0.00	0.06	0.93	0.01	0.57	0.05	0.25	0.13
	0.9	1	0.35	0.26	0.38	0.01	0.57	0.26	0.11	0.06
		0.95	0.57	0.21	0.21	0.01	0.57	0.28	0.11	0.04
		0.9	0.62	0.18	0.20	0.01	0.55	0.26	0.14	0.05
	0.8	1	0.70	0.28	0.02	0.00	0.55	0.45	0.00	0.00
		0.95	0.97	0.03	0.00	0.00	0.55	0.45	0.00	0.00
		0.9	0.97	0.03	0.00	0.00	0.52	0.48	0.00	0.00

表 5-8 表明，对于含有趋势项的无突变模型（模型 4），①当因子非平稳（$\varpi=1$）时，两个 MQ 统计量即 $MQ_c^l(q)$ 统计量和 $MQ_f^l(q)$ 统计量都能选出正确的趋势个数 2，模型异质误差项的性质即 ρ 的大小并不影响统计量的结果；②当因子平稳（$\varpi<1$）时，随着 ϖ 和 ρ 越来越远离 1 时，两个 MQ 统计量能够选出正确的趋势个数 0，如当 $\varpi=0.9$ 且 $\rho=1$ 时，$MQ_c^l(q)$ 统计量有 29% 的概率选择 0 个趋势，25% 的概率选择 1 个趋势，45% 的概率选择 2 个趋势，1% 的概率选择 3 个趋势，倾向于选择 2 个趋势，当 $\varpi=0.9$ 且

$\rho=0.9$ 时，$MQ_c^l(q)$ 统计量有 43% 的概率选择 0 个趋势，21% 的概率选择 1 个趋势，35% 的概率选择 2 个趋势，1% 的概率选择 3 个趋势，倾向于选择 0 个趋势，当 $\varpi=0.8$ 且 $\rho=0.9$ 时，$MQ_c^l(q)$ 统计量有 100% 的概率选择 0 个趋势；③比较表 5-8 和附录中表 B-12 以及表 B-18 可知，时间维度样本量的增加可以减弱 ϖ 和 ρ 对 MQ 统计量的影响；④两种 MQ 统计量即 $MQ_c^l(q)$ 统计量和 $MQ_f^l(q)$ 统计量的结果基本一致。

表 5-8　　　　　　MQ 统计量的选择结果

($T=200$，$N=20$，$r=2$，模型 4)

	ϖ	ρ	$(\hat{\lambda}_i,\hat{r})$ 0	1	2	3	$(0,\hat{r})$ 0	1	2	3
$MQ_c^l(q)$	1	1	0.00	0.05	0.94	0.01	0.00	0.05	0.94	0.01
		0.95	0.00	0.06	0.93	0.01	0.00	0.06	0.93	0.01
		0.9	0.00	0.06	0.93	0.01	0.00	0.06	0.93	0.01
	0.9	1	0.29	0.25	0.45	0.01	0.29	0.25	0.45	0.01
		0.95	0.36	0.25	0.39	0.00	0.36	0.25	0.39	0.00
		0.9	0.43	0.21	0.35	0.01	0.43	0.21	0.35	0.01
	0.8	1	0.88	0.09	0.03	0.00	0.88	0.09	0.03	0.00
		0.95	0.98	0.01	0.01	0.00	0.98	0.01	0.01	0.00
		0.9	1.00	0.00	0.00	0.00	1.00	0.00	0.00	0.00
$MQ_f^l(q)$	1	1	0.00	0.04	0.95	0.01	0.00	0.04	0.95	0.01
		0.95	0.00	0.04	0.95	0.01	0.00	0.04	0.95	0.01
		0.9	0.00	0.05	0.94	0.01	0.00	0.05	0.94	0.01
	0.9	1	0.18	0.30	0.51	0.01	0.18	0.30	0.51	0.01
		0.95	0.23	0.31	0.46	0.00	0.23	0.31	0.46	0.00
		0.9	0.31	0.29	0.40	0.00	0.31	0.29	0.40	0.00
	0.8	1	0.77	0.21	0.02	0.00	0.77	0.21	0.02	0.00
		0.95	0.92	0.08	0.00	0.00	0.92	0.08	0.00	0.00
		0.9	0.94	0.06	0.00	0.00	0.94	0.06	0.00	0.00

表 5-9 表明，对于含有时间趋势项的水平突变模型（模型 5），

①当因子非平稳（$\varpi=1$）时，基于估计值的两个 MQ 统计量（第 4 列至第 7 列）均能选出正确的趋势个数 2，模型异质误差项的性质即 ρ 的大小并不影响统计量的结果；②当因子平稳（$\varpi<1$）时，随着 ϖ 和 ρ 越来越远离 1 时，两个 MQ 统计量能够选出正确的趋势个数 0，如当 $\varpi=0.9$ 且 $\rho=1$ 时，$MQ_c^l(q)$ 统计量有 25% 的概率选择 0 个趋势，26% 的概率选择 1 个趋势，48% 的概率选择 2 个趋势，1% 的概率选择 3 个趋势，倾向于选择 2 个趋势，当 $\varpi=0.9$ 且 $\rho=0.9$ 时，$MQ_c^l(q)$ 统计量有 40% 的概率选择 0 个趋势，26% 的概率选择 1 个趋势，33% 的概率选择 2 个趋势，1% 的概率选择 3 个趋势，

表 5-9　　　　　　MQ 统计量的选择结果

（$T=200$，$N=20$，$r=2$，模型 5）

	ϖ	ρ	$(\hat{\lambda}_i, \hat{r})$ 0	1	2	3	$(0, \hat{r})$ 0	1	2	3
$MQ_c^l(q)$	1	1	0.00	0.05	0.94	0.01	0.00	0.02	0.24	0.74
		0.95	0.00	0.07	0.92	0.01	0.00	0.04	0.29	0.67
		0.9	0.00	0.06	0.93	0.01	0.00	0.03	0.33	0.64
	0.9	1	0.25	0.26	0.48	0.01	0.13	0.15	0.26	0.46
		0.95	0.32	0.25	0.42	0.01	0.19	0.15	0.25	0.41
		0.9	0.40	0.26	0.33	0.01	0.24	0.18	0.23	0.35
	0.8	1	0.84	0.11	0.05	0.00	0.61	0.22	0.12	0.05
		0.95	0.94	0.04	0.02	0.00	0.81	0.11	0.04	0.04
		0.9	0.97	0.02	0.01	0.00	0.92	0.05	0.02	0.01
$MQ_f^l(q)$	1	1	0.00	0.04	0.95	0.01	0.00	0.01	0.23	0.76
		0.95	0.00	0.05	0.94	0.01	0.00	0.02	0.28	0.70
		0.9	0.00	0.03	0.94	0.03	0.00	0.00	0.03	0.97
	0.9	1	0.18	0.27	0.54	0.01	0.07	0.15	0.25	0.53
		0.95	0.21	0.30	0.48	0.01	0.12	0.16	0.25	0.47
		0.9	0.26	0.32	0.41	0.01	0.15	0.19	0.25	0.41
	0.8	1	0.68	0.27	0.04	0.01	0.49	0.33	0.10	0.08
		0.95	0.84	0.15	0.01	0.00	0.70	0.21	0.05	0.04
		0.9	0.88	0.11	0.01	0.00	0.81	0.15	0.03	0.01

倾向于选择 0 个趋势，当 $\varpi=0.8$ 且 $\rho=0.9$ 时，$MQ_c^l(q)$ 统计量有 97% 的概率选择 0 个趋势；③当因子非平稳（$\varpi=1$）时，忽略了断点的两个 MQ 统计量（第 8 列至第 11 列）均倾向于选择 3 个趋势，即模型设定的最大公共因子个数；④当因子平稳（$\varpi<1$）时，忽略了断点的两个 MQ 统计量（第 8 列至第 11 列）的结果与 ϖ 和 ρ 的大小有关，当 $\varpi=0.9$ 且 $\rho=1$ 时，忽略了断点的 $MQ_c^l(q)$ 统计量有 13% 的概率选择 0 个趋势，15% 的概率选择 1 个趋势，26% 的概率选择 2 个趋势，46% 的概率选择 3 个趋势，倾向于选择 3 个趋势，当 $\varpi=0.9$ 且 $\rho=0.9$ 时，忽略了断点的 $MQ_c^l(q)$ 统计量有 24% 的概率选择 0 个趋势，18% 的概率选择 1 个趋势，23% 的概率选择 2 个趋势，35% 的概率选择 3 个趋势，倾向于选择 3 个趋势，当 $\varpi=0.8$ 且 $\rho=1$ 时，忽略了断点的 $MQ_c^l(q)$ 统计量倾向于选择 0 个趋势；⑤比较表 5-9 和附录中表 B-13 以及表 B-19 可知，时间维度或截面维度样本量的增加可以减弱 ϖ 和 ρ 对 MQ 统计量的影响；⑥两种 MQ 统计量即 $MQ_c^l(q)$ 统计量和 $MQ_f^l(q)$ 统计量的结果基本一致。

表 5-10 表明，对于含有趋势项的水平突变和协整向量突变模型（模型 6），①当因子非平稳（$\varpi=1$）时，基于估计值的两个 MQ 统计量（第 4 列至第 7 列）均能选出正确的趋势个数 2，模型异质误差项的性质即 ρ 的大小并不影响统计量的结果；②当因子平稳（$\varpi<1$）时，随着 ϖ 和 ρ 越来越远离 1 时，两个 MQ 统计量能够选出正确的趋势个数 0，如当 $\varpi=0.9$ 且 $\rho=1$ 时，$MQ_c^l(q)$ 统计量有 27% 的概率选择 0 个趋势，26% 的概率选择 1 个趋势，46% 的概率选择 2 个趋势，1% 的概率选择 3 个趋势，倾向于选择 2 个趋势，当 $\varpi=0.9$ 且 $\rho=0.9$ 时，$MQ_c^l(q)$ 统计量有 43% 的概率选择 0 个趋势，24% 的概率选择 1 个趋势，33% 的概率选择 2 个趋势，倾向于选择 0 个趋势，当 $\varpi=0.8$ 且 $\rho=0.9$ 时，$MQ_c^l(q)$ 统计量有 100% 的概率选择 0 个趋势；③无论因子是否平稳（$\varpi=1$ 还是 $\varpi<1$）时，忽略了断点的两个 MQ 统计量（第 8 列至第 11 列）均倾向于选择 0 个

趋势，即认为公共因子都是平稳的；④当因子非平稳（$\varpi=1$）时，ρ 的大小并不影响忽略了断点的统计量的结果，但当因子平稳（$\varpi<1$）时，ϖ 和 ρ 的大小对忽略了断点的统计量的结果影响很大，当 $\varpi=0.9$ 且 $\rho=1$ 时，忽略了断点的 $MQ_c^l(q)$ 统计量有 58% 的概率选择 0 个趋势，18% 的概率选择 1 个趋势，16% 的概率选择 2 个趋势，8% 的概率选择 3 个趋势，当 $\varpi=0.8$ 且 $\rho=0.9$ 时，忽略了断点的 $MQ_c^l(q)$ 统计量有 61% 的概率选择 0 个趋势，38% 的概率选择 1 个趋势，1% 的概率选择 2 个趋势；⑤比较表 5-10 和附录中表 B-14 以及表 B-20 可知，时间维度或截面维度样本量的增加可以减弱 ϖ 和 ρ 对 MQ 统计量的影响；⑥两种 MQ 统计量即 $MQ_c^l(q)$ 统计量和 $MQ_f^l(q)$ 统计量的结果基本一致。

表 5-10　　　　　MQ 统计量的选择结果

($T=200$，$N=20$，$r=2$，模型 6)

	ϖ	ρ	\multicolumn{4}{c	}{$(\hat{\lambda}_i,\hat{r})$}	\multicolumn{4}{c	}{$(0,\hat{r})$}
			0	1	2	3	0	1	2	3
$MQ_c^l(q)$	1	1	0.00	0.08	0.91	0.01	0.60	0.04	0.24	0.12
		0.95	0.00	0.07	0.92	0.01	0.55	0.05	0.27	0.13
		0.9	0.00	0.06	0.93	0.01	0.58	0.04	0.25	0.13
	0.9	1	0.27	0.26	0.46	0.01	0.58	0.18	0.16	0.08
		0.95	0.39	0.23	0.37	0.01	0.60	0.18	0.17	0.05
		0.9	0.43	0.24	0.33	0.00	0.57	0.20	0.16	0.07
	0.8	1	0.87	0.09	0.04	0.00	0.59	0.40	0.01	0.00
		0.95	0.98	0.01	0.01	0.00	0.57	0.41	0.02	0.00
		0.9	1.00	0.00	0.00	0.00	0.61	0.38	0.01	0.00
$MQ_f^l(q)$	1	1	0.00	0.06	0.93	0.01	0.60	0.03	0.24	0.13
		0.95	0.00	0.05	0.94	0.01	0.56	0.03	0.27	0.14
		0.9	0.00	0.04	0.95	0.01	0.58	0.03	0.25	0.14
	0.9	1	0.17	0.29	0.53	0.01	0.58	0.15	0.18	0.09
		0.95	0.26	0.29	0.44	0.01	0.59	0.15	0.19	0.07
		0.9	0.27	0.34	0.38	0.01	0.55	0.18	0.18	0.09

续表

	ϖ	ρ	\multicolumn{4}{c}{$(\hat{\lambda}_i, \hat{r})$}	\multicolumn{4}{c}{$(0, \hat{r})$}
			0	1	2	3	0	1	2	3
$MQ_f^l(q)$	0.8	1	0.75	0.22	0.03	0.00	0.57	0.42	0.01	0.00
		0.95	0.90	0.09	0.01	0.00	0.54	0.44	0.02	0.00
		0.9	0.94	0.06	0.00	0.00	0.59	0.40	0.01	0.00

综上得出结论：①当因子非平稳（$\varpi=1$）时，MQ 统计量可以选出正确的趋势个数；②当因子平稳（$\varpi<1$）时，随着 ϖ 和 ρ 越来越远离 1 时，两个 MQ 统计量均能够选出正确的趋势个数；③对于只含有水平突变的模型（模型 2 和模型 5），当因子非平稳（$\varpi=1$）时，忽略了断点的两个 MQ 统计量均倾向于选择 3 个趋势，即模型设定的最大公共因子个数，当因子平稳（$\varpi<1$）时，忽略了断点的 MQ 统计量的结果与 ϖ 和 ρ 的大小有关；④当协整向量也存在断点（模型 3 和模型 6）时，无论因子是否平稳，统计量都倾向于选择没有随机趋势，认为公共因子都是平稳的；⑤随着 T 或 N 的增大，MQ 统计量可以检验出各个模型的真实随机趋势个数；⑥两种 MQ 统计量即 $MQ_c^l(q)$ 统计量和 $MQ_f^l(q)$ 统计量的结果一致。

第四节 本章小结

本章基于 Bai 和 Carrion-i-Silvestre（2013）（BC 法），构建六个模型以检验截面相关下的变结构面板协整关系。模型考虑了个体时间趋势、与因子相关的自变量、内生性、异质且序列相关的误差项、截面相关以及在截距和协整斜率上存在多个未知的异质突变点。该模型还允许公共因子是平稳变量和非平稳变量的组合。构建统计量对六个模型检验没有协整关系的原假设，在推导出统计量的渐近性质后，通过蒙特卡洛模拟考察统计量的有限样本性质。蒙特

◇ 截面相关下的变结构面板协整检验研究

卡洛模拟结果表明：①对异质误差项的检验具有较好的检验水平和较高的检验功效；忽视截面相关会导致检验水平明显高于真实的显著性水平，当因子非平稳时，忽视截面相关的检验功效严重扭曲；当模型的协整向量存在突变时，忽视断点的检验将产生严重的水平扭曲，此时倘若因子非平稳，忽视断点的检验还会导致检验功效的急剧下降。②当因子个数为 1 时，ADF 型统计量优于 MSB 型统计量，无论是水平突变模型还是协整向量突变模型，忽视断点都严重扭曲了检验水平，导致检验水平过大，同时也严重扭曲了检验功效，导致 MSB 型统计量的检验功效严重偏大，ADF 型统计量的检验功效严重偏小。③当因子个数不止 1 个时，各模型的 MQ 统计量都可以选出正确的随机趋势个数，对于只含有水平突变的模型，在因子非平稳的情况下，忽略了断点的两个 MQ 统计量均倾向于选择 3 个趋势，即模型设定的最大公共因子个数，在因子平稳的情况下，忽略了断点的 MQ 统计量的结果与 ϖ 和 ρ 的大小有关，对于协整向量存在突变的模型，无论因子是否平稳，统计量都倾向于选择没有随机趋势，认为公共因子都是平稳的。通过蒙特卡洛模拟可知，忽视断点会导致各个检验产生偏误，同时公共因子的平稳性也影响着各个检验的检验水平和检验势，因而本章对模型的拓展是必要的，而且扩展后的模型适用于截面相关下的变结构面板协整检验。

第六章

应用实例：二氧化碳排放与经济增长关系的实证研究

第一节 问题的提出

随着世界经济的发展，环境问题日益突出，气候变暖、臭氧层破坏、水资源危机、生物多样性减少和海洋、土壤污染、有毒废物的越境转移等，环境治理问题现已成为国际体系的重要议题。全球变暖是其中最大的挑战之一。世界气象组织（WMO）发布的《2019 年 WMO 全球气候状况声明》（*WMO Statement on the State of the Global Climate in* 2019）指出，过去的 5 年和 10 年是有记录以来最热的 5 年和 10 年，海平面持续上升，主要温室气体（GHG）之一——二氧化碳（CO_2）在 2018 年增加的比往年都要多，2009—2018 年每年排放的二氧化碳中大约 22% 都被海洋吸收了，导致海洋的 pH 值降低（称为海洋酸化）。国际对全球持续的变暖现象越来越重视，因此二氧化碳排放与经济增长之间的关系也成为近几十年来重要的课题之一。

Kuznets（1955）用一个倒"U"形曲线来刻画人均收入与收入不平等的关系，表明收入不平等会随着经济增长而增大，在某一点达到最高水平后开始下降，这种关系被称为"库兹涅兹曲线"（Kuznets curve）。Grossman 和 Kruger（1991）、Shafik 和 Bandyopadhyay（1992）以及 Panayotou（1993）相继发现人均收入与环境衰退之间也存在类似的倒"U"形关系，被称为"环境库兹涅兹曲线"（Environmental Kuznets curve，EKC）。自此之后，学术界出现了大量用 EKC 假设来检验二氧化碳排放与经济增长间关系的研究。然而，现有文献并未得出一致的结论，可能原因有以下四个方面。第一，各国的经济发展情况不同，同样，环境情况也大不相同，因此将经济状况各异的国家放在一起来研究 EKC 问题显然是不合适的。第二，一些文献忽略了经济增长与二氧化碳排放活动之间可能存在的相关性，从而出现了内生性问题，导致估计结果出现了偏差（Fernández-Amador et al.，2017）。第三，环境问题和经济增长通常会面临巨大的外部影响，如自然灾害、战争和流行病等。如果模型中不考虑这些断点也将得到不准确的结果。第四，多数使用面板数据检验 EKC 的文献都假定截面是独立的，可是随着全球化的深入，资本流动更加频繁，经济体之间的联系也更加紧密，因此必须考虑宏观经济变量、微观个体等之间的共同冲击所造成的截面相关性（Westerlund and Edgerton，2008），而多数检验忽略了截面间的相关性，不仅不符合实际，而且会导致结果有偏（Banerjee et al.，2004；Pesaran，2007）。

第五章提出的基于 BC 法的截面相关下的变结构面板协整检验弥补了上述四个缺陷，该检验考虑了面板数据框架内的截面相关、结构突变、时间趋势和内生性。本章将使用该方法对 20 个发达国家和 20 个发展中国家的二氧化碳排放和经济增长之间的关系分别进行检验，并通过 Bai（2009）提出的迭代联合最小二乘估计及 Bai 和 Carrion-i-Silvestre（2009）提出的两步迭代法来估计协整关系和结构突变点。本章的边际贡献在于：①使用了一个新的协整检验，以期可以更准确地检验该假定；②对发达国家和发展中国家分别进行了检验，以期为政策制定者提供一些新的证据和建议。

第六章
应用实例：二氧化碳排放与经济增长关系的实证研究

第二节　文献综述

综观研究二氧化碳排放和经济增长关系的文献，学者或者使用一组国家的面板或截面数据，或者使用单个国家的时间序列数据来检验 EKC 假设。然而，研究结果并不一致。部分学者证实了 EKC 的存在（Padilla and Serrano，2006；付加锋等，2008；Halicioglu，2009；Jalil and Mahmud，2009；林伯强和蒋竺均，2009；李国志和李宗植，2010；Pao and Tsai，2011；Esteve and Tamarit，2012；胡宗义等，2013；Sephton and Mann，2013；Yavuz，2014；Baek，2015；Kasman and Duman，2015；Shahbaz et al.，2016；Chen et al.，2016；Pata，2018；Sarkodie and Ozturk，2020）。也有很多学者并不支持 EKC 假设。部分学者仍然认为二氧化碳排放与经济增长之间的关系是存在的，但是他们拒绝了倒"U"形的关系，认为两者之间的关系是单调递增或递减、"N"形或者是正"U"形的（Holtz-Eakin and Selden，1995；Azomahou et al.，2006；Fodha and Zaghoud，2010；郑长德和刘帅，2011；Wang，2012；邓晓兰等，2014；Begum et al.，2015；Piaggio et al.，2017；Fernández-Amador et al.，2017）。但另一部分学者认为二氧化碳排放和经济增长之间并不存在长期的关系（Lantz and Feng，2006；Ghosh，2010；Alam et al.，2011；Pata and Aydin，2020）。此外，还有一部分学者得出了一个混合的结论，即部分样本国家的二氧化碳排放与经济增长呈现出倒"U"形关系，而另一部分样本国家并未呈现（宋涛等，2006；韩玉军和陆旸，2009；Narayan and Narayan，2010；许广月和宋德勇，2010；Jaunky，2011；胡彩梅和韦福雷，2011；张成等，2011；Arouri et al.，2012；刘倩和赵普生，2012；Ibrahim and Law，2014；张明志，2017；Churchill et al.，2018；Leal and Marques，2020；Moutinho et al.，2020；Soberon and D'Hers，2020）。

◇ 截面相关下的变结构面板协整检验研究

实证结果存在如此大的差异，究其原因可能有以下几个方面。第一，由于各国的经济、政治、社会存在差异，在实证中使用全面板得出的结论会较为武断（Sharma，2011；Chen et al.，2016；Antonakakis et al.，2017；Wang et al.，2018；Soberon and D'Hers，2020）。因此，本章将对发达国家和发展中国家的二氧化碳排放和经济增长关系分别进行检验。第二，由于二氧化碳排放和经济增长间的关系是本章研究的重点，为了方便起见，本章实证中并不包含其他协变量。毋庸置疑，如果遗漏了重要的解释变量，模型将产生内生性问题（Sharma，2011）。事实上，检验EKC假说存在性的模型通常都有内生性的问题。Fernández-Amador等（2017）就指出人均GDP和二氧化碳排放是相互影响的。因此，解决内生性问题在模型中不可避免。

目前，被广泛用于检验EKC假说的面板协整方法中，一个容易被忽视的问题是横截面单元间的相关性。理论上，忽视截面相关性会导致结果的严重扭曲（Banerjee et al.，2004；Pesaran，2007）。实际上，当代社会经济体间的相互联系也决定了截面间的相关性。少数学者在研究EKC假说时注意到了这个问题并证实了截面相关确实存在。Chen等（2016）通过Pesaran CD检验对三个面板（全球面板、发达国家面板和发展中国家面板）中的4个变量（二氧化碳排放、能源使用量、实际GDP和实际GDP平方）进行检验，结果显示三个面板中的所有变量都拒绝了截面独立的原假设。Hamit-Haggar（2012）、Arouri等（2012）、Ulucak和Bilgili（2018）、Churchill等（2018）、Shahbaz等（2019）以及Soberon和D'Hers（2020）也检验数据中是否存在截面相关，结果拒绝了截面独立的原假设。因此，在研究二氧化碳排放和经济增长间关系的模型中应该考虑截面相关的问题。

此外，大多数研究不能解决数据结构变化的问题。在实践中，由于自身内在的制度变迁或外部冲击和干扰，经济系统的状态会发生变化，经济结构的变化会反映在经济数据结构的变化上，造成数

第六章
应用实例：二氧化碳排放与经济增长关系的实证研究

据结构的不稳定。从理论上讲，面板协整检验的表现并不很好，尤其是如果具有结构变化的模型忽略了结构突变，其检验功效将会降低（Banerjee and Carrion-i-Silvestre，2006）。实际上，在检验 EKC 假说时学者已经开始考虑结构突变了（Jaunky，2011；Wang，2012；Yavuz，2014；Bouznit and Pablo-Romero，2016；Fernández-Amador et al.，2017；Roinioti and Koroneos，2017；Pata，2018；Pata and Aydin，2020；Moutinho et al.，2020），这些研究证明了在突变前后两者关系确实存在差异。

因此，需要一个新的面板协整方法，而本章使用的协整检验方法可以解决上述两个问题。该方法基于 Bai 和 Carrion-i-Silvestre （2013）框架，但是他们的方法只考虑了截面相关（王维国等，2016），本书第五章用蒙特卡洛模拟表明，如果数据结构稳定假定不成立，Bai 和 Carrion-i-Silvestre（2013）提出的检验方法将是有偏的。因此，新方法需同时考虑截面相关和截面独立。本章使用的是第五章中基于 BC 法的截面相关下的变结构面板协整方法。

需要说明的是，本章使用的模型考虑了多数研究所忽略的时间趋势。当出现经济动荡、自然灾害或政策干预时，二氧化碳排放与经济增长、能源消耗等其他变量之间的关系可能会发生变化（Shahbaz et al.，2016）。随着收入和技术的变化，EKC 的形状也可能随时间变化（Wang，2012）。理论研究表明，由于许多经济变量都是带漂移项的非平稳过程，因此除非协整向量能够完全消除所有的随机和确定性趋势，否则回归方程中应该加入时间趋势项（Westerlund and Edgerton，2007）。因此，模型中应该考虑时间趋势。

第三节 检验结果与分析

一 数据说明

本章选取的变量为二氧化碳排放量（$PCO2$，单位：人均公吨数）和人均 GDP（$PGDP$，单位：美元），其中人均 GDP 是以 2010 年价格为基期的不变价格数据，样本区间为 1970—2016 年的年度数据。根据世界银行公布的 2016 年二氧化碳排放总量的排名，结合数据的可获得性和一致性选取了 40 个国家，其中 20 个发达国家和 20 个发展中国家。发达国家包括美国、日本、韩国、加拿大、英国、澳大利亚、西班牙、荷兰、比利时、以色列、希腊、奥地利、葡萄牙、芬兰、瑞典、挪威、爱尔兰、新加坡、瑞士和新西兰。发展中国家分别为中国、印度、伊朗伊斯兰共和国、沙特阿拉伯、印度尼西亚、墨西哥、南非、巴西、土耳其、泰国、马来西亚、阿拉伯埃及共和国、阿根廷、巴基斯坦、伊拉克、阿尔及利亚、菲律宾、尼日利亚、哥伦比亚和智利。数据来源于世界银行数据库[①]，对样本国家的说明见表 6-1，为了从一定程度上消除异方差，对人均 GDP 变量进行对数处理。表 6-2 为各变量的描述性统计。本章的实证工作均使用 GAUSS9.0 软件完成。

表 6-1　　　　　　　　主要碳排放国的样本说明

国家	2016 年数据		国家	2016 年数据	
	二氧化碳排放（亿吨）	总量排序		二氧化碳排放（亿吨）	总量排序
发达国家			发展中国家		
美国	50.06	2	中国	98.93	1
日本	11.36	5	印度	24.08	3
韩国	6.20	8	伊朗伊斯兰共和国	6.62	7
加拿大	5.45	11	沙特阿拉伯	5.63	9

---

① 世界银行对数据进行了说明：①二氧化碳排放量是化石燃料燃烧和水泥生产过程中产生的排放。它们包括在消费固态、液态和气态燃料以及天然气燃除时产生的二氧化碳。该数据来源于美国田纳西州橡树岭国家实验室环境科学部二氧化碳信息分析中心。②人均 GDP 是国内生产总值除以年中人口数。GDP 是一个经济体内所有居民生产者创造的增加值的总和加上产品税并减去不包括在产品价值中的补贴。计算时未扣除资产折旧或自然资源损耗和退化。数据以不变价美元计。

第六章
应用实例：二氧化碳排放与经济增长关系的实证研究

续表

国家	2016年数据 二氧化碳排放（亿吨）	总量排序	国家	2016年数据 二氧化碳排放（亿吨）	总量排序
英国	3.79	15	印度尼西亚	5.63	10
澳大利亚	3.76	16	墨西哥	4.86	12
西班牙	2.44	22	南非	4.77	13
荷兰	1.71	30	巴西	4.62	14
比利时	0.97	39	土耳其	3.73	17
以色列	0.65	45	泰国	2.84	19
希腊	0.62	47	马来西亚	2.48	20
奥地利	0.61	49	阿拉伯埃及共和国	2.39	23
葡萄牙	0.49	54	阿根廷	2.01	26
芬兰	0.46	55	巴基斯坦	2.01	27
瑞典	0.43	60	伊拉克	1.90	29
挪威	0.41	63	阿尔及利亚	1.50	32
爱尔兰	0.38	64	菲律宾	1.22	33
新加坡	0.38	66	尼日利亚	1.20	34
瑞士	0.35	68	哥伦比亚	0.98	38
新西兰	0.34	69	智利	0.86	41

表 6-2　　　　　　　　　各变量描述性统计

变量	表示	个数	均值	标准差	最小值	最大值
发达国家							
二氧化碳排放量（人均公吨数）	$PCO2$	940	9.47	4.09	1.67	22.51
人均GDP（美元）	$PGDP$	940	4.47	0.24	3.25	4.96
人均GDP平方	$PGDP^2$	940	20.07	2.07	10.59	24.62
发展中国家							
二氧化碳排放量（人均公吨数）	$PCO2$	940	3.36	3.42	0.31	20.40
人均GDP（美元）	$PGDP$	940	3.54	0.43	2.36	4.59
人均GDP平方	$PGDP^2$	940	12.74	2.98	5.56	21.09

二 检验

(一) 平稳性检验

在进行协整检验之前,需要对变量进行单位根检验,以检验其是否平稳。本章使用 Carrion-i-Silvestre 等 (2005) 提出的面板平稳性检验,该方法既考虑了未知结构突变,又使用 Maddala 和 Wu (1999) 提出的自举法解决了截面相关的问题,因而检验结果 (见表 6-3) 中既给出了基于正态分布的 P 值,又给出基于自举分布的 P 值。检验有 4 个模型,分别为只含有截距项的无突变模型、含有截距项和趋势项的无突变模型、只在截距项上有突变的模型以及截距项和趋势项均有突变的模型。

表 6-3　　　　　　　　　单位根检验结果

	统计量	截距	截距和趋势	截距上有突变	截距和趋势都有突变
\multicolumn{6}{c}{发达国家}
$PCO2$	检验值	24.27	14.39	7.59	5.76
	P 值^N	0.00	0.00	0.00	0.00
	P 值^B	0.00	0.01	0.00	0.04
$PGDP$	检验值	43.39	16.65	22.64	5.01
	P 值^N	0.00	0.00	0.00	0.00
	P 值^B	0.00	0.01	0.00	0.03
$PGDP^2$	检验值	43.44	16.13	22.82	4.91
	P 值^N	0.00	0.00	0.00	0.00
	P 值^B	0.00	0.01	0.00	0.04
$\Delta PCO2$	检验值	2.16	1.19	0.28	1.67
	P 值^N	0.02	0.12	0.39	0.05
	P 值^B	0.06	0.16	0.16	0.18
$\Delta PGDP$	检验值	5.42	0.25	-0.58	0.04
	P 值^N	0.00	0.40	0.72	0.49
	P 值^B	0.01	0.54	0.74	0.75

续表

	统计量	截距	截距和趋势	截距上有突变	截距和趋势都有突变
$\Delta PGDP^2$	检验值	4.40	0.51	0.37	0.10
	P值^N	0.00	0.31	0.36	0.46
	P值^B	0.04	0.42	0.23	0.73
发展中国家					
$PCO2$	检验值	30.27	14.46	6.81	7.25
	P值^N	0.00	0.00	0.00	0.00
	P值^B	0.00	0.00	0.00	0.04
$PGDP$	检验值	51.18	30.43	14.51	11.06
	P值^N	0.00	0.00	0.00	0.00
	P值^B	0.00	0.00	0.00	0.00
$PGDP^2$	检验值	51.25	29.99	13.84	10.85
	P值^N	0.00	0.00	0.00	0.00
	P值^B	0.00	0.00	0.00	0.00
$\Delta PCO2$	检验值	0.44	1.32	-1.25	1.46
	P值^N	0.33	0.09	0.89	0.07
	P值^B	0.46	0.35	0.93	0.26
$\Delta PGDP$	检验值	1.77	2.32	-0.42	2.03
	P值^N	0.04	0.01	0.66	0.02
	P值^B	0.26	0.23	0.74	0.42
$\Delta PGDP^2$	检验值	2.11	2.09	-1.04	1.87
	P值^N	0.02	0.02	0.85	0.03
	P值^B	0.21	0.31	0.97	0.52

注：（1）原假设为数据平稳；（2）该检验中最大断点数为3；（3）P值^{N}是基于正态分布的单边检验计算所得；（4）P值^{B}是基于自举分布的单边检验计算所得，所使用的自举样本为500。

检验结果表明，对于各变量的水平值，无论是发达国家还是发展中国家，在5%的显著性水平下，所有设定形式的检验都拒绝了平稳的原假设，即无论是否考虑趋势，是否考虑突变，是否考虑截面相关,变量的水平值都是非平稳的。对于变量的一阶差分值,部分不考虑截面相关和考虑了截面相关的 P 值相差很大,考虑到世界各国经济之间的内在联系,本节更加信任基于自举分布得出的 P 值。虽然数据单位根检验的具体设定并不是本节的重点,但是从各国数据的折线图可以看出数据中存在突变点,因而考虑突变的模型设定更加可信。表 6-3 中考虑了突变的检验结果显示,无论是发达国家还是发展中国家,在 5% 或 10% 的显著性水平下,所有变量的一阶差分值都是平稳的。

综上所述,模型中的所有变量都是 $I(1)$ 的。

(二) 协整检验

本节将检验二氧化碳排放与经济增长之间是否存在协整关系。考虑到两者关系的可能性,本节将同时检验线性关系和"U"形关系。由于并不能确定协整向量是否会同时消除随机趋势和确定性趋势,因而本节也将同时检验没有时间趋势项和有时间趋势项的模型。因此,检验的面板协整检验方程形式如下:

形式 1:

$$PCO2_{it} = \alpha_i + \theta_i D_{it} + \delta_i PGDP_{it} + \gamma_i D_{it} PGDP_{it} + u_{it} \tag{6-1}$$

形式 2:

$$PCO2_{it} = \alpha_i + \beta_i t + \theta_i D_{it} + \delta_i PGDP_{it} + \gamma_i D_{it} PGDP_{it} + u_{it} \tag{6-2}$$

形式 3:

$$PCO2_{it} = \alpha_i + \theta_i D_{it} + \delta_{i1} PGDP_{it} + \delta_{i2} PGDP_{it}^2 + \gamma_{i1} D_{it} PGDP_{it} + \gamma_{i2} D_{it} PGDP_{it}^2 + u_{it} \tag{6-3}$$

形式 4:

$$PCO2_{it} = \alpha_i + \beta_i t + \theta_i D_{it} + \delta_{i1} PGDP_{it} + \delta_{i2} PGDP_{it}^2 + \gamma_{i1} D_{it} PGDP_{it} + \gamma_{i2} D_{it} PGDP_{it}^2 + u_{it} \tag{6-4}$$

其中,i 代表国家,t 代表时间。

对检验中的参数作如下设定:最大公共因子个数为 10,最大断点个数为 3,DOLS 的置前滞后阶数为 $m_1 = m_2 = \text{int}(2(\min\{N, T\}/$

第六章
应用实例：二氧化碳排放与经济增长关系的实证研究

$100)^{\frac{1}{4}}$，滞后阶数 p_i 为 $\text{int}(4(T/100)^{\frac{2}{9}})$，其中 $\text{int}(x)$ 表示 x 的整数部分。线性关系（即形式 1 和形式 2）的检验结果见表 6-4，"U"形关系（即形式 3 和形式 4）的检验结果见表 6-5，根据 SIC^* 准则，应该选取 SIC^* 值最小的模型。

表 6-4 中的 SIC^* 值表明，对于发达国家，模型 6 是最适合的模型，即在截面相关下，含有趋势的水平突变和协整向量突变的模型最适合。而模型 6 的统计量表明不应该拒绝原假设，认为不存在协整关系，即发达国家的二氧化碳排放量与经济增长之间不存在长期的线性均衡关系。对于发展中国家，模型 5 即含有趋势的水平突变模型是最适合的模型①。同样，模型 5 的统计量也表明不应该拒绝无协整关系的原假设，因而发展中国家的二氧化碳排放量与经济增长之间也不存在长期的线性均衡关系。由此可见，无论发达国家还是发展中国家，其二氧化碳排放量与经济增长之间绝不是简单的线性关系。

表 6-4　　　　　　　　　　线性关系检验结果

	统计值	P 值	SIC^*	因子
发达国家				
模型 1	-1.46	0.14	-3.48	非平稳
模型 2	-1.79	0.07	-3.79	非平稳
模型 3	-1.44	0.15	-3.83	非平稳
模型 4	-2.04	0.04	-3.60	非平稳
模型 5	-0.85	0.39	-3.92	非平稳
模型 6	-0.07	0.95	**-4.01**	非平稳
发展中国家				
模型 1	-1.98	0.05	-5.63	非平稳
模型 2	-2.02	0.04	-6.15	非平稳

---

① 表 6-4 中，保留小数点后三位可知，对于发展中国家，模型 5 的 SIC^* 值为-6.263，模型 6 的 SIC^* 值为-6.258，故选择 SIC^* 值较小的模型 5。

◇ 截面相关下的变结构面板协整检验研究

续表

	统计值	P 值	SIC*	因子
模型 3	-2.38	0.02	-6.25	非平稳
模型 4	-1.44	0.15	-5.69	非平稳
模型 5	-0.34	0.73	**-6.26**	非平稳
模型 6	-1.19	0.23	-6.26	非平稳

注：原假设为无协整关系。

那么，二氧化碳排放量与经济增长之间是否存在"U"形关系呢？表 6-5 给出了答案。根据表中 SIC^* 值，模型 5 最适合发达国家，模型 6 最适合发展中国家。对于发达国家，应选择含有趋势的水平突变模型。检验结果显示在 1% 的显著性水平下应该拒绝无协整关系的原假设，即认为发达国家的"U"形关系存在。经检验，因子是非平稳的，如上所述，非平稳的因子和解释变量组合可能得到一个平稳的因变量。由此可见，在检验中假设因子是平稳的并不妥当，需要检验其平稳性。因此对于发达国家，二氧化碳排放量与经济增长之间的长期"U"形关系是建立在一些截面间不可观测的随机趋势之上的。对于发展中国家，应选择含有趋势的水平突变和协整向量突变模型，但是检验结果表明二氧化碳排放量与经济增长之间并不存在长期的"U"形关系，也就是说，二氧化碳库兹涅兹曲线在发展中国家是不存在的。

表 6-5　　　　　　　　"U"形关系检验结果

	统计值	P 值	SIC*	因子
发达国家
模型 1	-2.44	0.02	-2.80	非平稳
模型 2	-1.32	0.19	-3.31	非平稳
模型 3	-2.59	0.01	-3.05	非平稳
模型 4	-2.02	0.04	-2.89	非平稳
模型 5	-2.76	0.01	**-3.40**	非平稳

续表

	统计值	P 值	SIC^*	因子
模型 6	-1.31	0.19	-3.35	非平稳
发展中国家					
模型 1	-2.81	0.01	-4.85	非平稳
模型 2	-2.95	0.00	-5.40	非平稳
模型 3	-0.95	0.34	-5.54	非平稳
模型 4	-2.22	0.03	-4.88	非平稳
模型 5	-2.43	0.02	-5.52	非平稳
模型 6	-1.54	0.13	**-5.73**	非平稳

注：原假设为无协整关系。

检验结果表明，对于发展中国家，二氧化碳排放量与经济增长之间不存在任何的长期均衡关系。导致这一结果的原因或许很多，但一个主要原因可能是，多数发展中国家都是以经济发展作为第一要务，需要通过经济发展来解决国内人民温饱和国家发展的问题，其能源结构往往也是以化石燃料为主，如中国、印度、印度尼西亚等国家也从原来的以农业为主逐渐发展转变为以工业为主，二氧化碳排放量仍然会持续增长，但它们同时也面临着国际上要求其减排的巨大难题（牛叔文等，2010；刘倩和赵普生，2012），因而它们的二氧化碳排放量与经济增长之间很可能并未形成长期稳定的均衡关系。也正因为如此，政府和学术界才更加积极地研究环境与经济增长之间的关系，以期在最大程度上兼顾发展与环保。

三　长期均衡关系

由上节的协整检验可知发展中国家的二氧化碳排放量与经济增长之间并不存在长期均衡关系，但是发达国家的二氧化碳排放量与经济增长之间却呈现出长期的"U"形关系。那么，这种"U"形关系到底是正"U"形还是倒"U"形呢？二氧化碳库兹涅兹曲线究竟存在吗？

从表6-5可知，发达国家的最优模型为模型5，即

$$PCO2_{it} = \alpha_i + \beta_i t + \theta_i D_{it} + \delta_{i1} PGDP_{it} + \delta_{i2} PGDP_{it}^2 +$$
$$\Delta PGDP_{it} A_{i1}(L) + \Delta PGDP_{it}^2 A_{i2}(L) + F'_t \pi_i + u_{it} \quad (6-5)$$

通过第五章所述的迭代联合最小二乘法和两步迭代法可以得到 δ_{ik}、$A_{ik}(L)(s=1,2)$、F_t、π_i 和突变点的一致估计量。接着使用最小二乘(OLS)法估计 α_i、β_i 和 θ_i。表6-6报告了估计的时间趋势 $\hat{\beta}_i$、斜率 $\hat{\delta}_{ik}$、曲线形状和曲线拐点横坐标。

表6-6　发达国家碳排放与经济增长的长期关系估计结果

国家	$\hat{\beta}_i$	$\hat{\delta}_{i1}$	$\hat{\delta}_{i2}$	"U"形形状	"U"形拐点横坐标
美国	-0.37*** (-127.10)	636.26*** (5.91)	-65.95*** (-5.55)	倒	4.82
日本	-0.07*** (-28.92)	-882.09*** (-10.48)	99.81*** (10.68)	正	4.42
韩国	-0.15*** (-30.19)	-58.30*** (-5.30)	9.29*** (6.07)	正	3.14
加拿大	-0.29*** (-130.23)	887.42*** (10.85)	-93.87*** (-10.47)	倒	4.73
英国	-0.28*** (-89.55)	-24.10 (-0.22)	4.68 (0.38)	正	2.58
澳大利亚	-0.06*** (-34.74)	1083.99*** (11.88)	-115.30*** (-11.58)	倒	4.70
西班牙	-0.17*** (-66.29)	-122.92 (-1.53)	17.01 (1.86)	正	3.61
荷兰	-0.26*** (-83.58)	1838.81*** (16.43)	-197.74*** (-16.24)	倒	4.65
比利时	-0.28*** (-73.70)	1471.44*** (16.85)	-160.54*** (-16.45)	倒	4.58
以色列	0.01*** (3.19)	-631.11*** (-5.49)	73.92*** (5.61)	正	4.27

续表

国家	$\hat{\beta}_i$	$\hat{\delta}_{i1}$	$\hat{\delta}_{i2}$	"U"形形状	"U"形拐点横坐标
希腊	0.04*** (12.66)	144.97 (1.38)	-15.29 (-1.27)	倒	4.74
奥地利	-0.22*** (-63.76)	615.43*** (9.08)	-65.52*** (-8.68)	倒	4.70
葡萄牙	-0.04*** (-11.09)	-261.76*** (-3.86)	33.35*** (4.10)	正	3.93
芬兰	0.20*** (277.96)	-630.08*** (-37.41)	69.22*** (37.31)	正	4.55
瑞典	-0.11*** (-32.11)	-1349.97*** (-21.22)	146.56*** (21.32)	正	4.61
挪威	0.07*** (29.76)	-727.07*** (-20.49)	76.42*** (20.27)	正	4.76
爱尔兰	-0.35*** (-112.73)	91.64*** (4.18)	-7.81*** (-3.32)	倒	5.87
新加坡	0.13*** (152.90)	312.94*** (85.85)	-37.32*** (-88.98)	倒	4.19
瑞士	-0.09*** (-15.61)	874.85*** (3.50)	-89.54*** (-3.42)	倒	4.89
新西兰	-0.06*** (-19.31)	-924.10*** (-6.11)	106.45*** (6.21)	正	4.34

注：括号中为对应估计值的 t 统计量的值，*、**和***表示分别在 10%、5% 和 1% 的显著性水平下显著。

由表 6-6 可知，发达国家的二氧化碳排放量与经济增长之间的"U"形关系是显著存在的，但并不都是倒"U"形关系（表中 $\hat{\delta}_{i2}$ 显著为负的国家为倒"U"形关系），也就是说，二氧化碳库兹涅兹曲线是存在的，但并不是在每个国家都能呈现，根据估计结果，20 个发达国家中只有 10 个国家的二氧化碳排放量与经济增长之间呈倒"U"形关系，这个混合的结论与 Narayan 和 Narayan（2010）、

Jaunky（2011）、Arouri 等（2012）、Soberon 和 D'Hers（2020）一致。Moutinho 等（2020）甚至发现葡萄牙和西班牙的 13 个经济活动部门中只有 1 个呈倒"U"形关系，在一些部门里呈现正"U"形关系。由此可见，笼统地概括二氧化碳排放量与经济增长之间呈现出倒"U"形关系的结论并不准确，学者可以通过不同的样本、时间、方法得到完全不同的结论（Harbaugh et al.，2002；Saboori et al.，2012；Zhang et al.，2014；Chen et al.，2016）。每个国家都会根据自身特点和国际环境制定不一样的政策来平衡国家的经济发展和环境保护，在政府的干预下，二氧化碳排放和经济增长间很可能存在迥然的长期均衡关系，这也与 Moutinho 等（2020）的研究结果一致。现阶段的发达国家大多还处于"U"形关系的上升阶段。通过比较各国最新的人均 GDP 和经济增长的拐点（横坐标）发现，只有奥地利、荷兰、比利时、新加坡和瑞典已处于倒"U"形拐点的右侧下降阶段，其他国家不是处于倒"U"形关系的上升阶段就是处于"U"形关系的上升阶段。如美国、加拿大等位于倒"U"形拐点的左侧上升阶段，说明国家经济发展和环境质量关系良好，在保持现有环境政策的同时发展经济就能平稳过渡到拐点的右侧。但是，如日本、韩国等处于"U"形拐点右侧上升阶段的国家来说，环境保护形势不容乐观，需要更加重视环境保护工作。对于发展中国家而言，应该首先正确认识发达国家的经济发展和环境保护形势，再有选择地参考发达国家的环境保护措施。

由于各个国家的经济、政治环境不同，二氧化碳排放和经济增长之间的关系所受的冲击也不尽相同，因而本章允许每个国家存在异质的突变点。但是重大的国际事件也会对各个国家产生一定的影响。Peters 等（2012）以及 Jiang 和 Guan（2017）发现 1973 年的石油危机、1979 年美国储贷危机、1990 年苏联解体、1997 年亚洲金融危机和 2008 年的国际金融危机都对全球二氧化碳排放和经济增长产生了影响。此类危机在一定程度上影响了二氧化碳排放与经济增长之间的关系，而且，一些国际环境事件也会改变它们之间的关系。例如，20世纪30—60年代资本主义工业化高速发展时期发生了比利时马斯河谷事件、美国洛杉矶光化学烟雾事件、英国伦敦烟雾事件、日本"水俣病""骨痛病"等震惊世界的八大公害事件，这些事件引起了国际对环境污染的关注，于是在1970年前后全球环境治理开始逐步形成，因而大多数国家在这一时期会出现断点。1992年签订1994年生效的《气候变化框架公约》以及1997年开始签订2005年实施生效的《京都议定书》等重要的国际法律文件对温室气体减排意义重大，很多国家在这些年份出现了断点。总体而言，本模型的断点估计较为合理。本模型与以往研究的另一个不同之处在于加入了时间趋势项。从表6-6的估计结果可知，趋势项的系数（$\hat{\beta}_i$）都显著区别于0，且有3/4的系数显著为负，说明有3/4国家的人均碳排放随着时间推移而下降，由于时间对人均碳排放的作用显著，因此模型中加入时间趋势项是合理且必要的。

综上所述，二氧化碳排放与经济增长之间的长期均衡关系在发展中国家并未呈现，但在发达国家中确已存在，然而二者之间并不是简单的线性关系，"U"形关系的形状也并不统一，因而二氧化碳库兹涅兹曲线未得到证实。虽然大多数发达国家尚且处于人均二氧化碳上升阶段，但从长远来看，环境质量确实会随着经济的发展而改善。

第四节 本章小结

由于全球气候持续变暖而二氧化碳又是温室气体的主要成分之一，研究二氧化碳排放与经济增长之间的关系具有很重要的现实意义。考虑到现有文献不能同时解决数据结构变化问题、截面相关问题以及时间趋势问题，本章采用基于BC法的截面相关下的变结构面板协整检验来研究在发达国家和发展中国家中二者之间的关系。研究发现无论是在发展中国家面板还是在发达国家面板中"环境库兹涅兹曲线"假设都不存在。

对于发展中国家而言，二氧化碳排放与经济增长之间既不存在线性关系也不存在二次关系，可能的原因是多数发展中国家都是以经济发展作为第一要务的，但它们同时也面临着国际上要求其减排的巨大难题，因而它们的二氧化碳排放量与经济增长之间很可能并未形成长期稳定的均衡关系。

而对于发达国家，二氧化碳排放和经济增长之间存在二次关系，但是很多国家呈现正"U"形关系而且尚处于人均二氧化碳排放上升阶段，只有奥地利、荷兰、比利时、新加坡和瑞典已处于倒"U"形拐点的右侧下降阶段，表明这些国家维持现有政策可以继续维持国家经济发展和环境质量的良好关系。一些国家如美国、加拿大等位于倒"U"形拐点的左侧上升阶段，说明国家经济发展和环境质量关系良好，在保持现有环境质量的同时发展经济就能平稳过渡到拐点的右侧。但是，对于如日本、韩国等处于"U"形拐点右侧上升阶段的国家来说，环境保护形势不容乐观，需要更加重视环境保护工作。同时，所有国家应该考虑到外界冲击等对经济系统的影响，并作出相应的政策调整。

因此，发达国家应该根据本国经济与环境的特点，制定相应的政策以确保可持续发展与环境保护之间的平衡。发展中国家首先应该明确国家的主要目标，尽可能地平衡经济发展与环境保护；其次在正确认识发达国家的经济发展和环境保护形势的基础上，有选择地参考发达国家的环境保护措施。

附录

附录 A 证明

1. 定理 3.1 的证明

证明：由于不含有趋势项的模型是第三章的延伸部分，下面将给出证明过程，本部分所使用的假设均为第三章假设。

令 $X_p(y_{it}) \triangleq y_{it} - a_i X_{it}$ 表示 y_{it} 对 X_{it} 投影的残差，其中 a_i 为投影参数向量，$b_{it} \triangleq D_{it} x_{it}$。由于公共因子 F_t 是否可识别取决于标量矩阵 H，所以作者考虑的是 F_t 的旋转矩阵 HF_t（Bai and Ng，2004）。

（1）对于不含趋势项的模型，

① 在原假设下，

$$\begin{aligned} T^{-\frac{1}{2}}\hat{S}_{it} &= T^{-\frac{1}{2}}(y_{it} - \hat{\alpha}_i - \hat{\theta}_i D_{it} - x'_{it}\hat{\delta}_i - b'_{it}\hat{\gamma}_i - \hat{\pi}'_i \hat{F}_t) \\ &= T^{-\frac{1}{2}}[(y_{it} - y_{i1}) - \hat{\theta}_i(D_{it} - D_{i1}) - (x_{it} - x_{i1})'\hat{\delta}_i - \\ &\quad (b_{it} - b_{i1})'\hat{\gamma}_i - \hat{\pi}'_i \hat{F}_t] \\ &= T^{-\frac{1}{2}}(e_{it} - e_{i1}) - T^{-\frac{1}{2}}\sum_{j=2}^{t} v'_{ij}(\hat{\delta}_i - \delta_i) - T^{-\frac{1}{2}}(\hat{\theta}_i - \theta_i) \times \\ &\quad (D_{it} - D_{i1}) - T^{-\frac{1}{2}}(b_{it} - b_{i1})'(\hat{\gamma}_i - \gamma_i) - \\ &\quad T^{-\frac{1}{2}}(\hat{\pi}_i - (H^{-1})'\pi_i)'\hat{F}_t - T^{-\frac{1}{2}}\pi'_i H^{-1}((\hat{F}_t - HF_t) + HF_1) \\ &= T^{-\frac{1}{2}}(e_{it} - e_{i1}) - I - II - III - IV - V \end{aligned} \quad (A-1)$$

对于 I，令 $X_{it} = (\Delta D_{it}, (\Delta b_{it})')'$，于是

$$\sqrt{T}(\hat{\delta}_i - \delta_i) = \left(T^{-1}\sum_{t=2}^{T} X_p(\Delta x_{it}) X_p(\Delta x_{it})'\right)^{-1} T^{-\frac{1}{2}}\sum_{t=2}^{T} X_p(\Delta x_{it}) X_p(\Delta u_{it})$$

(A-2)

其分母可以展开为

$$T^{-1}\sum_{t=2}^{T}X_p(\Delta x_{it})X_p(\Delta x_{it})' = T^{-1}\sum_{t=2}^{T}\Delta x_{it}(\Delta x_{it})' - T^{-1}\sum_{t=2}^{T}\Delta x_{it}X'_{it}$$
$$\times \left(T^{-1}\sum_{t=2}^{T}X_{it}X'_{it}\right)^{-1}T^{-1}\sum_{t=2}^{T}X_{it}(\Delta x_{it})'$$

(A-3)

其中, $T^{-1}\sum_{t=2}^{T}X_{it}X'_{it} = T^{-1}\sum_{t=2}^{T}\begin{bmatrix}(\Delta D_{it})^2 & \Delta D_{it}(\Delta b_{it})'\\ \Delta b_{it}\Delta D_{it} & \Delta b_{it}(\Delta b_{it})'\end{bmatrix}$, 因为 ΔD_{it} 只在 1 个点处等于 1, 所以所有包含 ΔD_{it} 的和的 $\frac{1}{T}$ 倍都为 $O_p(\frac{1}{T})$, 至于 $\Delta b_{it}(\Delta b_{it})'$ 项, 当 $t>T_i$ 时, 根据假设 1(3), 其依概率收敛于 $\text{var}(\Delta x_{it})$, 而当 $t \leqslant T_i$ 时则为 0。因而,

$$T^{-1}\sum_{t=2}^{T}X_{it}X'_{it} = O_p(1) \qquad (A-4)$$

同时,

$$T^{-1}\sum_{t=2}^{T}X_{it}(\Delta x_{it})' = T^{-1}\sum_{t=2}^{T}(\Delta x_{it} - a_i X_{it})'$$
$$= T^{-1}\sum_{t=2}^{T}\Delta x'_{it} - T^{-1}a_i\sum_{t=2}^{T}(\Delta D_{it}, (\Delta b_{it})')' \qquad (A-5)$$

因为 Δx_{it} 均值为 0, 根据假定 1(4), $\sum_{t=2}^{T}\Delta x_{it}$ 和 $\sum_{t=2}^{T}\Delta b_{it}$ 为 $O_p(\sqrt{T})$, 故

$$T^{-1}\sum_{t=2}^{T}X_{it}(\Delta x_{it})' = O_p(1) \qquad (A-6)$$

从而,

$$T^{-1}\sum_{t=2}^{T}X_p(\Delta x_{it})X_p(\Delta x_{it})' = T^{-1}\sum_{t=2}^{T}\Delta x_{it}(\Delta x_{it})' + O_p(1) = O_p(1)$$

(A-7)

根据假设 1 和假设 2(2), Δx_{it} 和 Δu_{it} 相互独立, 故 $T^{-\frac{1}{2}}\sum_{t=2}^{T}\Delta x_{it}\Delta u_{it} = O_p(1)$, 而且结合上述方法可知 $T^{-\frac{1}{2}}\sum_{t=2}^{T}X_{it}\Delta u_{it} = O_p(1)$, 进而式(A-2)的分子为

$$T^{-\frac{1}{2}}\sum_{t=2}^{T}X_p(\Delta x_{it})X_p(\Delta u_{it}) = T^{-\frac{1}{2}}\sum_{t=2}^{T}\Delta x_{it}\Delta u_{it} - T^{-1}\sum_{t=2}^{T}\Delta x_{it}X'_{it}$$
$$\times\Big(T^{-1}\sum_{t=2}^{T}X_{it}X'_{it}\Big)^{-1}T^{-\frac{1}{2}}\sum_{t=2}^{T}X_{it}\Delta u_{it} = O_p(1)$$
(A-8)

从而，$\sqrt{T}(\hat{\delta}_i-\delta_i)=O_p(1)$。又根据假设 1(4)，$T^{-\frac{1}{2}}\sum_{j=2}^{t}v_{ij}=O_p(1)$，于是

$$I = T^{-1}\sum_{j=2}^{t}v'_{ij}\sqrt{T}(\hat{\delta}_i - \delta_i) = O_p(T^{-\frac{1}{2}}) \quad (A-9)$$

对于 II，令 $X_{it}=((\Delta x_{it})',(\Delta b_{it})')'$，那么

$$\hat{\theta}_i - \theta_i = \Big(\sum_{t=2}^{T}X_p(\Delta D_{it})^2\Big)^{-1}\sum_{t=2}^{T}X_p(\Delta D_{it})X_p(\Delta u_{it}) \quad (A-10)$$

其分母可化为

$$\sum_{t=2}^{T}X_p(\Delta D_{it})^2 = \sum_{t=2}^{T}(\Delta D_{it})^2 - \sum_{t=2}^{T}\Delta D_{it}X'_{it}\Big(\sum_{t=2}^{T}X_{it}X'_{it}\Big)^{-1}\sum_{t=2}^{T}X_{it}\Delta D_{it}$$
(A-11)

显然，$\sum_{t=2}^{T}(\Delta D_{it})^2$ 和 $\sum_{t=2}^{T}X_{it}\Delta D_{it}$ 都为 $O_p(1)$，而且 X_{it} 中最高阶项为 Δx_{it}，根据假设 1(4)，可知 $\sum_{t=2}^{T}X_{it}X'_{it}=O_p(T)$。从而

$$\sum_{t=2}^{T}X_p(\Delta D_{it})^2 = O_p(1) \quad (A-12)$$

对于式（A-10）的分子，

$$\sum_{t=2}^{T}X_p(\Delta D_{it})X_p(\Delta u_{it}) = \sum_{t=2}^{T}\Delta D_{it}\Delta u_{it} - \sum_{t=2}^{T}\Delta D_{it}X'_{it}\Big(\sum_{t=2}^{T}X_{it}X'_{it}\Big)^{-1}\sum_{t=2}^{T}X_{it}\Delta u_{it}$$
$$= O_p(1) + O_p(1)O_p(T^{-1})O_p(\sqrt{T}) \quad (A-13)$$

所以 $\hat{\theta}_i-\theta_i=O_p(1)$。于是

$$II = T^{-\frac{1}{2}}(\hat{\theta}_i-\theta_i)(D_{it}-D_{i1}) = O_p(T^{-\frac{1}{2}}) \quad (A-14)$$

同理，对于 III，令 $X_{it}=((\Delta x_{it})',\Delta D_{it})'$，有 $\sqrt{T}(\hat{\gamma}_i-\gamma_i)=O_p(1)$。于是

$$III = T^{-\frac{1}{2}}\Big(T^{-\frac{1}{2}}(b_{it}-b_{i1})\Big)'\sqrt{T}(\hat{\gamma}_i-\gamma_i) = O_p(T^{-\frac{1}{2}}) \quad (A-15)$$

对于 IV，令 $\Delta \hat{F}_t = H\Delta F_t + \iota$，其中 ι 为估计误差，且 $\hat{F}_1 = 0$。那么，

$$T^{-\frac{1}{2}}\hat{F}_t = T^{-\frac{1}{2}}\sum_{j=2}^{t}\Delta \hat{F}_j = T^{-\frac{1}{2}}\sum_{j=2}^{t}H\Delta F_j + T^{-\frac{1}{2}}\sum_{j=2}^{t}\iota_j \quad (A-16)$$

根据 Bai 和 Ng (2004) 中的方程 (A3)，

$$T^{-\frac{1}{2}}\sum_{j=2}^{t}\iota_j = O_p(C_{NT}^{-1}) \quad (A-17)$$

其中，$C_{NT} = \min[\sqrt{N}, \sqrt{T}]$。又由于 $F_1 = O_p(1)$，所以

$$T^{-\frac{1}{2}}\hat{F}_t = T^{-\frac{1}{2}}HF_t - T^{-\frac{1}{2}}HF_1 + O_p(C_{NT}^{-1}) = T^{-\frac{1}{2}}HF + O_p(C_{NT}^{-1}) \quad (A-18)$$

由 Bai 和 Ng (2004) 引理 1 可知，

$$\left(\hat{\pi}_i - (H^{-1})'\pi_i\right) = O_p(K_{NT}^{-1}) \quad (A-19)$$

其中，$K_{NT}^{-1} = \min[N, \sqrt{T}]$。从而

$$IV = \left(\hat{\pi}_i - (H^{-1})'\pi_i\right)'\left(T^{-\frac{1}{2}}\hat{F}_t\right) = O_p(K_{NT}^{-1})O_p(1) \quad (A-20)$$

最后，$V = T^{-\frac{1}{2}}\pi_i'H^{-1}(\hat{F}_t - HF_t) + T^{-\frac{1}{2}}\pi_i'F_1 = O_p(C_{NT}^{-1}) + O_P(T^{-\frac{1}{2}})$

$$\quad (A-21)$$

综合各项可得，

$$T^{-\frac{1}{2}}\hat{S}_{it} = T^{-\frac{1}{2}}(e_{it} - e_{i1}) + O_p(C_{NT}^{-1}) \quad (A-22)$$

根据 Beveridge-Nelson 分解，$\phi_i(L) = \phi_i(1) + \phi_i^*(L)(1-L)$，则

$$\phi_i(L)\Delta e_{it} = \phi_i(1)\Delta e_{it} + \phi_i^*(L)\Delta^2 e_{it} = \varepsilon_{it}, \quad (A-23)$$

等价于 $\Delta e_{it} = -\dfrac{\phi_i^*(L)}{\phi_i(1)}\Delta^2 e_{it} + \dfrac{1}{\phi_i(1)}\varepsilon_{it}$ $\quad (A-24)$

当 $T \to \infty$ 时，

$$T^{-\frac{1}{2}}(e_{it} - e_{i1}) = -\frac{\phi_i^*(L)}{\phi_i(1)}T^{-\frac{1}{2}}\Delta e_{it} + \frac{1}{\phi_i(1)}T^{-\frac{1}{2}}\sum_{j=2}^{t}\varepsilon_{ij}$$

$$= \frac{1}{\phi_i(1)}T^{-\frac{1}{2}}\sum_{j=2}^{t}\varepsilon_{ij} + O_p(T^{-\frac{1}{2}}) \Rightarrow \frac{\sigma_i}{\phi_i(1)}W_i(s)$$

$$\quad (A-25)$$

所以

$$T^{-\frac{1}{2}}\hat{S}_{it} = T^{-\frac{1}{2}}(e_{it}-e_{i1}) + O_p(C_{NT}^{-1}) \Rightarrow \frac{\sigma_i}{\phi_i(1)}W_i(s) \tag{A-26}$$

② 令 $X_{it} = (1, \Delta\hat{S}_{it-1}, \cdots, \Delta\hat{S}_{it-p_i})'$,

$$\begin{aligned}
T^{-2}\sum_{t=2}^T X_p(\hat{S}_{it-1})^2 &= T^{-2}\sum_{t=2}^T (\hat{S}_{it-1})^2 - T^{-2}\sum_{t=2}^T \hat{S}_{it-1}X_{it}'\Big(\sum_{t=2}^T X_{it}X_{it}'\Big)^{-1}\sum_{t=2}^T X_{it}\hat{S}_{it-1} \\
&= T^{-2}\sum_{t=2}^T (\hat{S}_{it-1} - \hat{S}_i)^2 \\
&\quad + O_p(T^{-1}) \Rightarrow \frac{\sigma_i^2}{\phi_i(1)}\Big(\int_0^1 W_i^u(s)^2 ds\Big) \tag{A-27}
\end{aligned}$$

上式第二个等号可以成立,是因为 X_{it} 中除了截距项之外,其他项都是平稳的,可以渐近省略,$\hat{S}_i$ 表示 $\hat{S}_{it-1}$ 的均值。

$$\begin{aligned}
③\ T^{-1}\sum_{t=2}^T X_p(\hat{S}_{it-1})X_p(\Delta\hat{S}_{it}) &= T^{-1}\sum_{t=2}^T \hat{S}_{it-1}\Delta\hat{S}_{it} \\
&\quad - T^{-1}\sum_{t=2}^T \hat{S}_{it-1}X_{it}'\Big(\sum_{t=2}^T X_{it}X_{it}'\Big)^{-1}\sum_{t=2}^T X_{it}\Delta\hat{S}_{it} \\
&= T^{-1}\sum_{t=2}^T (\hat{S}_{it-1}-\hat{S}_i)(\Delta\hat{S}_{it}-\Delta\hat{S}_i) + O_p(T^{-1}) \\
&= \frac{1}{\phi_i(1)}T^{-1}\sum_{t=2}^T g_{it-1}\Delta g_{it} + O_p(T^{-1})
\end{aligned}$$
$$\tag{A-28}$$

其中,$\hat{S}_i$ 和 $\Delta\hat{S}_i$ 分别表示 $\hat{S}_{it-1}$ 和 $\Delta\hat{S}_{it}$ 的均值,$g_{it-1} = h_{it-1} - h_i$,而 $h_{it-1} = \sum_{j=2}^{t-1}\varepsilon_{ij}$,$h_i$ 为 h_{it-1} 的均值,且 $h_{i1} = 0$,那么 $g_{i1} = -h_i$。

由于

$$\begin{aligned}
T^{-1}\sum_{t=2}^T g_{it-1}\Delta g_{it} &= \frac{1}{2T}(g_{iT}^2 - g_{i1}^2) - \frac{1}{2T}\sum_{t=2}^T (\Delta g_{it})^2 \Rightarrow \\
&\quad \frac{\sigma_i^2}{2}\{[W^u(1)]^2 - [W^u(0)]^2 - 1\} \tag{A-29}
\end{aligned}$$

所以

$$T^{-1}\sum_{t=2}^{T}X_p(\hat{S}_{it-1})X_p(\Delta\hat{S}_{it})\Rightarrow -\frac{\sigma_i^2}{2\phi_i(1)}\{[W^u(1)]^2-[W^u(0)]^2-1\}$$
(A-30)

④ $T\hat{\phi}_i = \left(T^{-2}\sum_{t=2}^{T}X_p(\hat{S}_{it-1})^2\right)^{-1}T^{-1}\sum_{t=2}^{T}X_p(\hat{S}_{it-1})X_p(\Delta\hat{S}_{it})$ (A-31)

根据 Westerlund 和 Edgerton（2008）中的式（A-24）可知

$$\frac{\hat{\omega}_i}{\hat{\sigma}_i}=\frac{\omega_i}{\sigma_i}+O_p(C_{NT}^{-1})=\frac{1}{\phi_i(1)}+O_p(C_{NT}^{-1})$$
(A-32)

于是统计量

$$LM_\rho(i)\triangleq T\hat{\phi}_i\left(\frac{\hat{\omega}_i}{\hat{\sigma}_i}\right)\Rightarrow U_\rho(i)=\frac{\{[W_i^u(1)]^2-[W_i^u(0)]^2-1\}}{2\int_0^1 W_i^u(s)^2 ds}$$
(A-33)

⑤ $\hat{\phi}_i$ 的标准差为 $SE(\hat{\phi}_i)=(\hat{\sigma}_i^{-2}\sum_{t=2}^{T}X_p(\hat{S}_{it-1})^2)^{-\frac{1}{2}}$，所以

$$LM_\tau(i)\triangleq =\frac{\hat{\phi}_i}{SE(\hat{\phi}_i)}=\hat{\sigma}_i^{-1}\left(T^{-2}\sum_{t=2}^{T}X_p(\hat{S}_{it-1})^2\right)^{-\frac{1}{2}}$$

$$T^{-1}\sum_{t=2}^{T}X_p(\hat{S}_{it-1})X_p(\Delta\hat{S}_{it})\Rightarrow U_\tau(i)$$

$$=\frac{\{[W_i^u(1)]^2-[W_i^u(0)]^2-1\}}{2\sqrt{\int_0^1 W_i^u(s)^2 ds}}$$
(A-34)

其中，$\hat{\sigma}_i^2\xrightarrow{P}\sigma_i^2$。

⑥进一步推导 $Z_j(N)$ 的极限分布。

$$Z_j(N)\triangleq\sqrt{N}\left(\frac{1}{N}\sum_{i=1}^{N}LM_j(N)-\mathrm{E}(U_j)\right)$$
(A-35)

假定 var（U_j）存在，根据 Linberg-Levy 中心极限定理和序贯极限理论，在 $T\to\infty$ 后接着 $N\to\infty$ 时，有

$$Z_j(N)\triangleq\sqrt{N}\left(\overline{LM}_j(N)-\mathrm{E}(U_j)\right)\Rightarrow N\left(0,\ \mathrm{var}(U_j)\right)$$
(A-36)

第一部分得证。

(2) 对于含有趋势项的模型,证明过程类似于(1)的证明。根据 Westerlund 和 Edgerton(2008),有

① 在原假设下,

$$
\begin{aligned}
T^{-\frac{1}{2}}\hat{S}_{it} &= T^{-\frac{1}{2}}(y_{it}-\hat{\alpha}_i-\hat{\beta}_i t-\hat{\theta}_i D_{it}-x'_{it}\hat{\delta}_i-b'_{it}\hat{\gamma}_i-\hat{\pi}'_i\hat{F}_t) \\
&= T^{-\frac{1}{2}}\left(e_{it}-e_{i1}-\left(\frac{t-1}{T-1}\right)(e_{iT}-e_{i1})\right) - T^{-\frac{1}{2}}\sum_{j=2}^{t}(v_{ij}-v_i)'(\hat{\delta}_i-\delta_i) \\
&\quad - T^{-\frac{1}{2}}(\hat{\theta}_i-\theta_i)\left(D_{it}-D_{i1}-\left(\frac{t-1}{T-1}\right)\right) - T^{-\frac{1}{2}}\left(b_{it}-b_{i1}-\left(\frac{t-1}{T-1}\right)(b_{iT}-b_{i1})\right)' \\
&\quad \times (\hat{\gamma}_i-\gamma_i) - T^{-\frac{1}{2}}(\hat{\pi}_i-(H^{-1})'\pi_i)'\hat{F}_t - T^{-\frac{1}{2}}\pi'_i H^{-1} \\
&\quad \times \left((\hat{F}_t-HF_t)+HF_1+\left(\frac{t-1}{T-1}\right)H(F_T-F_1)\right) \\
&= T^{-\frac{1}{2}}S_{it}-I-II-III-IV-V = T^{-\frac{1}{2}}S_{it}+O_p(C_{NT}^{-1}) \quad \text{(A-37)}
\end{aligned}
$$

其中,$S_{it} \triangleq e_{it}-e_{i1}-\left(\frac{t-1}{T-1}\right)(e_{iT}-e_{i1}) = \frac{1}{\phi_i(1)}\sum_{j=2}^{t}(\varepsilon_{ij}-\varepsilon_i)$,$v_i$ 是 v_{ij} 的均值。

$$
\begin{aligned}
T^{-\frac{1}{2}}(e_{it}-e_{i1}) &= -\frac{\phi_i^*(L)}{\phi_i(1)}T^{-\frac{1}{2}}\Delta e_{it} + \frac{1}{\phi_i(1)}T^{-\frac{1}{2}}\sum_{j=2}^{t}\varepsilon_{ij} \\
&= \frac{1}{\phi_i(1)}T^{-\frac{1}{2}}\sum_{j=2}^{t}\varepsilon_{ij} + O_p(T^{-\frac{1}{2}}) \Rightarrow \frac{\sigma_i}{\phi_i(1)}W_i(s)
\end{aligned}
$$
(A-38)

所以

$$
T^{-\frac{1}{2}}\hat{S}_{it} = \frac{1}{\phi_i(1)}T^{-\frac{1}{2}}\sum_{j=2}^{t}(\varepsilon_{ij}-\varepsilon_i) + O_p(C_{NT}^{-1}) \Rightarrow \frac{\sigma_i}{\phi_i(1)}V_i(s)
$$
(A-39)

② $T^{-2}\sum_{t=2}^{T} X_p(\hat{S}_{it-1})^2 = T^{-2}\sum_{t=2}^{T}(\hat{S}_{it-1})^2 - T^{-2}\sum_{t=2}^{T}\hat{S}_{it-1}X'_{it}$

$$
\left(\sum_{t=2}^{T} X_{it}X'_{it}\right)^{-1}\sum_{t=2}^{T} X_{it}\hat{S}_{it-1} = T^{-2}\sum_{t=2}^{T}(\hat{S}_{it-1}-\hat{S}_i)^2
$$

$$
+ O_p(T^{-1}) \Rightarrow \frac{\sigma_i^2}{\phi_i(1)}\left(\int_0^1 V_i(s)^2 ds\right) \quad \text{(A-40)}
$$

③ $T^{-1}\sum_{t=2}^{T}X_p(\hat{S}_{it-1})X_p(\Delta\hat{S}_{it}) = \dfrac{1}{\phi_i(1)}T^{-1}\sum_{t=2}^{T}\sum_{j=2}^{t}(\varepsilon_{ij}-\varepsilon_i)(\varepsilon_{it}-\varepsilon_i) + O_p(C_{NT}^{-1})$

$= \dfrac{1}{\phi_i(1)}T^{-1}\sum_{t=2}^{T}g_{it-1}\Delta g_{it} + O_p(C_{NT}^{-1})$ （A-41）

此时 $g_{it-1} = \sum_{j=2}^{t-1}(\varepsilon_{ij}-\varepsilon_i)$，$g_{i0}=0$。由于 $g_{iT}=\sum_{j=2}^{T}(\varepsilon_{ij}-\varepsilon_i)=0$，故

$T^{-1}\sum_{t=2}^{T}g_{it-1}\Delta g_{it} = \dfrac{1}{2T}(g_{iT}^2 - g_{i1}^2) - \dfrac{1}{2T}\sum_{t=2}^{T}(\Delta g_{it})^2 = -\dfrac{1}{2T}\sum_{t=2}^{T}(\Delta g_{it})^2$

$= -\dfrac{\sigma_i^2}{2} + O_p(T^{-1})$ （A-42）

④同样有

$\dfrac{\hat{\omega}_i}{\hat{\sigma}_i} = \dfrac{\omega_i}{\sigma_i} + O_p(C_{NT}^{-1}) = \dfrac{1}{\phi_i(1)} + O_p(C_{NT}^{-1})$ （A-43）

再结合①②③可得统计量

$LM_\rho(i) \triangleq T\hat{\phi}_i\left(\dfrac{\hat{\omega}_i}{\hat{\sigma}_i}\right) \Rightarrow B_\rho(i) = -\left(2\int_0^1 V_i(s)^2 ds\right)^{-1}$ （A-44）

⑤ $LM_\tau(i) \triangleq \dfrac{\hat{\phi}_i}{SE(\hat{\phi}_i)} = \hat{\sigma}_i^{-1}\left(T^{-2}\sum_{t=2}^{T}X_p(\hat{S}_{it-1})^2\right)^{-\frac{1}{2}}$

$\times T^{-1}\sum_{t=2}^{T}X_p(\hat{S}_{it-1})X_p(\Delta\hat{S}_{it})$

$\Rightarrow B_\tau(i) = -\left(4\int_0^1 V_i(s)^2 ds\right)^{-\frac{1}{2}}$ （A-45）

⑥同样利用 Linberg-Levy 中心极限定理和序贯极限理论，在 $T\to\infty$ 后接着 $N\to\infty$ 时，有

$Z_j(N) \triangleq \sqrt{N}\left(\overline{LM}_j(N) - E(B_j)\right) \Rightarrow N\left(0,\ \text{var}(B_j)\right)$

（A-46）

第二部分得证。

2. **定理 3.2 的证明**

证明：（1）首先考虑 $Z_\tau(N)$。在备择假设下，统计量可以写成

$$Z_\tau(N) = \frac{1}{\sqrt{N}} \sum_{i=1}^{N} \left(LM_\tau(i) - \mathrm{E}(B_\tau) \right)$$

$$= \sqrt{\frac{N_1}{N}} \frac{1}{\sqrt{N_1}} \sum_{i=1}^{N_1} \left(LM_\tau(i) - \mathrm{E}(B_\tau) \right)$$

$$+ \sqrt{\frac{N_0}{N}} \frac{1}{\sqrt{N_0}} \sum_{i=N_1+1}^{N} \left(LM_\tau(i) - \mathrm{E}(B_\tau) \right)$$

$$= \sqrt{\frac{N_1}{N}} \frac{1}{\sqrt{N_1}} \sum_{i=1}^{N_1} \left(LM_\tau(i) - \mathrm{E}(B_\tau) \right)$$

$$+ \sqrt{1 - \frac{N_1}{N}} \frac{1}{\sqrt{N_0}} \sum_{i=N_1+1}^{N} \left(LM_\tau(i) - \mathrm{E}(B_\tau) \right) \quad (\text{A-47})$$

由定理 3.1 可知，当 N, $T \to \infty$，$\frac{N}{T} \to 0$ 时，

$$\frac{1}{\sqrt{N_0}} \sum_{i=N_1+1}^{N} \left(LM_\tau(i) - \mathrm{E}(B_\tau) \right) = O_p(1) \quad (\text{A-48})$$

另外，对于 $i = 1, \cdots, N_1$，$\sqrt{T}(\hat{\phi}_i - \phi_i)$ 和 $\sqrt{T} SE(\hat{\phi}_i)$ 都为 $O_p(1)$，于是

$$\frac{1}{\sqrt{T}} \overline{LM_\tau}(N_1) = \frac{1}{N_1} \sum_{i=1}^{N_1} \frac{\hat{\phi}_i}{\sqrt{T} SE(\hat{\phi}_i)} = \frac{1}{N_1} \sum_{i=1}^{N_1} \frac{\phi_i}{\sqrt{T} SE(\hat{\phi}_i)} + \frac{1}{N_1} \sum_{i=1}^{N_1} \frac{\hat{\phi}_i - \phi_i}{\sqrt{T} SE(\hat{\phi}_i)}$$

$$= \frac{1}{N_1} \sum_{i=1}^{N_1} \frac{\phi_i}{\sqrt{T} SE(\hat{\phi}_i)} + O_p\left(\frac{1}{\sqrt{T}}\right) = O_p(1) \quad (\text{A-49})$$

也就意味着 $\overline{LM_\tau}(N_1) = O_p(\sqrt{T})$。因此，式（A-47）可化为

$$Z_\tau(N) = \sqrt{N} \sum_{i=1}^{N} \left(\overline{LM_\tau}(i) - \mathrm{E}(B_\tau) \right)$$

$$= \sqrt{\frac{N_1}{N}} \sqrt{N} O_p(\sqrt{T}) + \sqrt{1 - \frac{N_1}{N}} O_p(1) \quad (\text{A-50})$$

当 N, $T \to \infty$，$\frac{N}{T} \to 0$ 且 $\frac{N_1}{N} \to \delta_1 > 0$ 时，上式以 $\sqrt{NT}$ 的速率发散。

由于 $\mathrm{E}(B_\tau) < 0$，所以 $Z_\tau(N)$ 向负无穷发散。

(2) 对于 $Z_\rho(N)$，有

$$\frac{1}{\sqrt{T}}\overline{LM_\rho}(N_1) = \frac{1}{N_1}\sum_{i=1}^{N_1}\hat{\phi}_i\left(\frac{\hat{\omega}_i}{\hat{\sigma}_i}\right) = \frac{1}{N_1}\sum_{i=1}^{N_1}\phi_i\left(\frac{\hat{\omega}_i}{\hat{\sigma}_i}\right) + O_p(\sqrt{T}) = O_p(1) \quad (A-51)$$

也就意味着

$$\overline{LM_\rho}(N_1) = O_p(T) \quad (A-52)$$

因此

$$Z_\rho(N) = \sqrt{N}\sum_{i=1}^{N}\left(\overline{LM_\rho}(i) - \mathrm{E}(B_\rho)\right) = \sqrt{\frac{N_1}{N}}\sqrt{N}O_p(T)$$

$$+ \sqrt{1 - \frac{N_1}{N}}O_p(1) = O_p(\sqrt{N}T) \quad (A-53)$$

当 $N, T \to \infty$，$\frac{N}{T} \to 0$ 且 $\frac{N_1}{N} \to \delta_1 > 0$ 时，上式以 $\sqrt{N}T$ 的速率发散。

由于 $\mathrm{E}(B_\rho) < 0$，所以 $Z_\rho(N)$ 向负无穷发散。

对于不含趋势项的模型，同理可证。

至此，**定理 3.2** 得证。

3. **定理 5.1** (1) 的证明。

定义 $b_{it} \triangleq x_{it}D_{it}$。由 $y_i^* = x_i^*\psi_i + f\pi_i + z_i$ 和 $y_i^* = x_i^*\hat{\psi}_i + \hat{f}\hat{\pi}_i + \hat{z}_i$ 可知

$$\hat{z}_i = z_i - x_i^*(\hat{\psi}_i - \psi_i) + f\pi_i - \hat{f}\hat{\pi}_i$$

$$= z_i - x_i^{1*}(\hat{\varphi}_i - \varphi_i) - M_i\Delta b_i(\hat{\gamma}_i - \gamma_i) - (\hat{f} - Hf)H^{-1'}\pi_i - \hat{f}(\hat{\pi}_i - H^{-1'}\pi_i),$$

其中，$x_i^{1*} = [M_i\Delta x_i, M_i\Delta^2 x_i]$。

即 $\hat{z}_{it} = z_{it} - x_{it}^{1*'}(\hat{\varphi}_i - \varphi_i) - [M_i\Delta b_i]_t'(\hat{\gamma}_i - \gamma_i) - v_tH^{-1'}\pi_i - \hat{f}_td_i$，其中 $v_t = \hat{f}_t - Hf_t$，$d_i = \hat{\pi}_i - H^{-1'}\pi_i$。

因此，加和得

$$T^{-1/2}\sum_{s=m_1+3}^{t}\hat{z}_{is} = T^{-1/2}\sum_{s=m_1+3}^{t}z_{is} - \left(T^{-1/2}\sum_{s=m_1+3}^{t}x_{is}^{1*'}\right)(\hat{\varphi}_i - \varphi_i)$$

$$- \left(T^{-1/2}\sum_{s=m_1+3}^{t}[M_i\Delta b_i]_s'\right)(\hat{\gamma}_i - \gamma_i)$$

$$-\left(T^{-1/2}\sum_{s=m_1+3}^{t}v_s\right)H^{-1'}\pi_i - \left(T^{-1/2}\sum_{s=m_1+3}^{t}\hat{f}_s\right)d_i$$

(A-54)

①对于只含有截距的模型，$M_i = I_{t-m-2} - D(T_i)(D(T_i)'_iD(T_i))^{-1}D(T_i)'$。

式（A-54）右边第一项

$$T^{-1/2}\sum_{s=m_1+3}^{t}z_{is} = T^{-1/2}\sum_{s=m_1+3}^{t}[M_i\Delta\xi_i]_s = T^{-1/2}\sum_{s=m_1+3}^{t}\Delta\xi_{is}$$
$$- T^{-1/2}\sum_{s=m_1+3}^{t}\left[D(T_i)\left(D(T_i)'D(T_i)\right)^{-1}D(T_i)'\Delta\xi_i\right]_s$$

(A-55)

式（A-55）右边第二项为

$$T^{-1/2}\sum_{s=m_1+3}^{t}[D(T_i)(D(T_i)'D(T_i))^{-1}D(T_i)'\Delta\xi_i]_s$$
$$= \frac{1}{T}\sum_{s=m_1+3}^{t}\Delta\xi_{is}D(T_i)_s\left(\frac{1}{T}\sum_{s=m_1+3}^{t}D(T_i)_sD(T_i)'_s\right)^{-1}\frac{1}{\sqrt{T}}\sum_{s=m_1+3}^{t}D(T_i)_s$$

由于 $D(T_i)$ 只在某一点为1，其他值均为0，故 $\frac{1}{T}\sum_{s=m_1+3}^{t}D(T_i)_s$
$D(T_i)'_s = \frac{1}{T} = o_p(1)$，$\frac{1}{\sqrt{T}}\sum_{s=m_1+3}^{t}D(T_i)_s = o_p(1)$ 且 $\frac{1}{T}\sum_{s=m_1+3}^{t}\Delta\xi_{is}D(T_i)_s =$
$T^{-1/2}(T^{-1/2}\Delta\xi_{i,T_i+1})$。又因为 $T^{-1/2}\Delta\xi_{i,T_i+1} \Rightarrow \sigma_i dW(\lambda_i)$，所以 $\frac{1}{T}\sum_{s=m_1+3}^{t}$
$\Delta\xi_{is}D(T_i)_s = o_p(1)$。从而式（A-55）中右边第二项 $T^{-1/2}$
$\sum_{s=m_1+3}^{t}[D(T_i)(D(T_i)'D(T_i))^{-1}D(T_i)'\Delta\xi_i]_s = o_p(1)$。

因而 $T^{-1/2}\sum_{s=m_1+3}^{t}z_{is} = (T^{-1/2}\xi_{it} - T^{-1/2}\xi_{i,m_1+2}) + o_p(1) \Rightarrow \sigma_i W_i(s)$。

式（A-54）右边第二项，令 $x_i^1 = [\Delta x_i, \Delta^2 x_i]$，则

$$T^{-1/2}\sum_{s=m_1+3}^{t}x_{is}^{1*} = T^{-1/2}\sum_{s=m_1+3}^{t}[M_i x_i^1]_s$$

$$= T^{-1/2} \sum_{s=m_1+3}^{t} x_{is}^1 -$$

$$T^{-1/2} \sum_{s=m_1+3}^{t} \left[D(T_i) \left(D(T_i)'D(T_i) \right)^{-1} D(T_i)'x_i^1 \right]_s$$

$$(A-56)$$

由于 $D(T_i)$ 只在某一点为1，其他值均为0，故式（A-56）中第二部分中 $\frac{1}{T}D(T_i)'D(T_i) = o_p(1)$，$\frac{1}{\sqrt{T}} \sum_{s=m_1+3}^{t} D(T_i)_s = o_p(1)$，

$$\frac{1}{T}D(T_i)'x_i^1 = [T^{-1}\Delta x_{i,T_i+1}, T^{-1}\Delta^2 x_{i,T_i+1}] = o_p(1)$$

从而 $T^{-1/2} \sum_{s=m_1+3}^{t} [D(T_i)(D(T_i)'D(T_i))^{-1}D(T_i)'x_i^1]_s = o_p(1)$

根据 Bai 和 Carrion-i-Silvestre（2013）引理 A.1(a) 可知 $T^{-1/2} \times \sum_{s=m_1+3}^{t} x_{is}^1 = O_p(1)$。由此可得 $T^{-1/2} \sum_{s=m_1+3}^{t} x_{is}^{1*} = O_p(1)$。

故 $(T^{-1/2} \sum_{s=m_1+3}^{t} x_{is}^{1*'})(\hat{\varphi}_i - \varphi_i) = O_p(1)(\hat{\varphi}_i - \varphi_i) = O_p(T^{-1/2})$。

同理可得 $T^{-1}D(T_i)'\Delta b_i = T^{-1}x_{i,T_i+1} = o_p(1)$，故而

$$T^{-1/2} \sum_{s=m_1+3}^{t} [D(T_i)(D(T_i)'D(T_i))^{-1}D(T_i)'\Delta b_i]_s$$

$$= \frac{1}{T} \sum_{s=m_1+3}^{t} D(T_i)_s (D(T_i)'D(T_i))^{-1} D(T_i)'\Delta b_i = o_p(1)$$

式（A-53）右边第三项中

$$T^{-1/2} \sum_{s=m_1+3}^{t} [M_i \Delta b_i]_s$$

$$= T^{-1/2} \sum_{s=m_1+3}^{t} \Delta b_{is} - T^{-1/2} \sum_{s=m_1+3}^{t} [D(T_i)(D(T_i)'D(T_i))^{-1}D(T_i)'\Delta b_i]_s$$

$$= O_p(1) + O_p(1)$$

因此 $(T^{-1/2} \sum_{s=m_1+3}^{t} [M_i \Delta b_i]_s')(\hat{\gamma}_i - \gamma_i) = O_p(1)(\hat{\gamma}_i - \gamma_i) = O_p(T^{-1/2})$。

根据 Bai 和 Ng（2004），$T^{-1/2} \sum_{s=m_1+3}^{t} v_s = T^{-1/2} \sum_{s=m_1+3}^{t} (\hat{f}_s - Hf_s) = O_p(C_{NT}^{-1})$，

$d_i = \hat{\pi}_i - H^{-1'}\pi_i = O_p(C_{NT}^{-1})$,其中 $C_{NT} = \min[\sqrt{N}, \sqrt{T}]$,因而 $T^{-1/2}$ 即:
$T^{-1/2}\hat{\xi}_{it} = T^{-1/2}\sum_{s=m_1+3}^{t}\hat{z}_{is} \Rightarrow \sigma_i W_i(s)$,从而 $MSB_{\hat{\xi}} \xrightarrow{d} \int_0^1 W_i(s)^2 ds$。

②对于含有趋势项的模型,$M_i = I_{t-m-2} - \Delta D_i (\Delta D_i' \Delta D_i)^{-1} \Delta D_i'$,其中 $\Delta D_i = [\iota, D(T_i)]$。

式(A-54)右边第一项

$$T^{-1/2}\sum_{s=m_1+3}^{t} z_{is} = T^{-1/2}\sum_{s=m_1+3}^{t}[M_i \Delta \xi_i]_s = T^{-1/2}\sum_{s=m_1+3}^{t}\Delta \xi_{is}$$
$$- T^{-1/2}\sum_{s=m_1+3}^{t}[\Delta D_i(\Delta D_i' \Delta D_i)^{-1}\Delta D_i' \Delta \xi_i]_s \quad (A-57)$$

式(A-57)右边第二项中

$$\frac{1}{T}\Delta D_i' \Delta D_i = \frac{1}{T}\begin{bmatrix} \iota'\iota & \iota' D(T_i) \\ D(T_i)'\iota & D(T_i)'D(T_i) \end{bmatrix} = \begin{bmatrix} \dfrac{T-m-2}{T} & \dfrac{1}{T} \\ \dfrac{1}{T} & \dfrac{1}{T} \end{bmatrix},$$

$\dfrac{1}{T}\Delta D_i' \Delta \xi_i = \dfrac{1}{T}\begin{bmatrix}\iota'\Delta \xi_i \\ \Delta \xi_{i,T_i+1}\end{bmatrix}$,$\dfrac{1}{\sqrt{T}}\sum_{s=m_1+3}^{t}\Delta D_{is} = \dfrac{1}{\sqrt{T}}[t-m_1-2, 1]$,从而

$$T^{-1/2}\sum_{s=m_1+3}^{t}[\Delta D_i(\Delta D_i'\Delta D_i)^{-1}\Delta D_i'\Delta \xi_i]_s$$
$$= \frac{1}{\sqrt{T}}\sum_{s=m_1+3}^{t}\Delta D_{is}\left(\frac{1}{T}\Delta D_i'\Delta D_i\right)^{-1}\left(\frac{1}{T}\Delta D_i'\Delta \xi_i\right)$$
$$= \frac{t-m_1-3}{T-m-3}(T^{-1/2}(\xi_{i,T-m_2} - \xi_{i,m_1+3})) +$$
$$\frac{T-t-m_2+1}{T-m-3}T^{-1/2}\Delta \xi_{i,T_i+1} \Rightarrow s\sigma_i W_i(1)$$

因而 $T^{-1/2}\sum_{s=m_1+3}^{t}z_{is} = T^{-1/2}\left(\xi_{i,t} - \dfrac{t-m_1-3}{T-1}\xi_{i,T-m_2}\right) + o_p(1) \Rightarrow \sigma_i V_i(s)$。

式(A-54)右边第二项,令 $x_i^1 = [\Delta x_i, \Delta^2 x_i]$,则对于第一项 Δx_i 有

$$T^{-1/2}\sum_{s=m_1+3}^{t}[M_i \Delta x_i]_s = T^{-1/2}\sum_{s=m_1+3}^{t}\Delta x_i - T^{-1/2}$$

$$\sum_{s=m_1+3}^{t} [\Delta D_i (\Delta D_i' \Delta D_i)^{-1} \Delta D_i' \Delta x_i]_s = T^{-1/2} \left(x_{i,t} - x_{i,m_1+3} - \frac{t-m_1-3}{T-m-3} \right.$$

$$\left. \times (x_{i,T-m_2} - x_{i,m_1+2}) + \frac{T-t-m_2+1}{T-m-3} \Delta x_{i,T_i+1} \right) = O_p(1)$$

同理，对于 x_i^1 中的第二项有 $T^{-1/2} \sum_{s=m_1+3}^{t} [M_i \Delta^2 x_i]_s = O_p(1)$，从而 $T^{-1/2} \sum_{s=m_1+3}^{t} x_{is}^{1*} = T^{-1/2} \sum_{s=m_1+3}^{t} [M_i x_i^1]_s = O_p(1)$。

故 $(T^{-1/2} \sum_{s=m_1+3}^{t} x_{is}^{1*'})(\hat{\varphi}_i - \varphi_i) = O_p(1)(\hat{\varphi}_i - \varphi_i) = O_p(T^{-1/2})$。

同理可得 $(T^{-1/2} \sum_{s=m_1+3}^{t} [M_i \Delta b_i]_s')(\hat{\gamma}_i - \gamma_i) = O_p(1)(\hat{\gamma}_i - \gamma_i) = O_p(T^{-1/2})$。

根据 Bai 和 Ng(2004)，$T^{-1/2} \sum_{s=m_1+3}^{t} v_s = T^{-1/2} \sum_{s=m_1+3}^{t} (\hat{f}_s - Hf_s) = O_p(C_{NT}^{-1})$，$d_i = \hat{\pi}_i - H^{-1'} \pi_i = O_p(C_{NT}^{-1})$，因而 $T^{-1/2} \hat{\xi}_{it} = T^{-1/2} \sum_{s=m_1+3}^{t} \hat{z}_{is} \Rightarrow \sigma_i V_i(s)$，从而 $MSB_{\hat{\xi}} \xrightarrow{d} \int_0^1 V_i(s)^2 ds$。

附录 B　蒙特卡洛模拟结果

表 B-1　　　　$MSB_{\hat{\xi}}$ 检验水平（$T=100$，$N=20$，$r=2$）

模型	ϖ	$(\hat{\lambda}_i, \hat{r})$	$(\hat{\lambda}_i, 0)$	$(0, \hat{r})$	$(0, 0)$	(λ_i, r)
1	0.8	0.11	0.14	0.11	0.14	0.11
	0.9	0.11	0.19	0.11	0.19	0.11
	1	0.11	0.23	0.11	0.23	0.11
2	0.8	0.10	0.10	0.11	0.10	0.11
	0.9	0.12	0.14	0.12	0.13	0.11
	1	0.11	0.20	0.11	0.18	0.09

续表

模型	ϖ	$(\hat{\lambda}_i,\hat{r})$	$(\hat{\lambda}_i,0)$	$(0,\hat{r})$	$(0,0)$	(λ_i,r)
3	0.8	0.09	0.14	0.92	0.88	0.09
	0.9	0.13	0.18	0.71	0.73	0.12
	1	0.08	0.19	0.08	0.08	0.09
4	0.8	0.04	0.24	0.04	0.24	0.04
	0.9	0.05	0.23	0.05	0.23	0.05
	1	0.04	0.18	0.04	0.18	0.04
5	0.8	0.06	0.20	0.07	0.32	0.06
	0.9	0.05	0.21	0.05	0.29	0.05
	1	0.04	0.19	0.04	0.20	0.04
6	0.8	0.04	0.22	0.93	0.98	0.04
	0.9	0.06	0.24	0.74	0.92	0.06
	1	0.04	0.19	0.06	0.46	0.04

注：(1) 显著性水平为5%；(2) (a,b) 表示检验时所选择的断点和公共因子的形式，$(\hat{\lambda}_i,\hat{r})$ 表示检验基于两者的估计值，$(\hat{\lambda}_i,0)$ 表示检验时只估计了断点，$(0,\hat{r})$ 表示检验时只估计了公共因子个数，$(0,0)$ 表示检验时两者都没有估计，(λ_i,r) 表示检验基于两者的真值。下同。

表 B-2 $MSB_{\hat{\xi}}$ 检验势（$T=100$，$N=20$，$r=2$）

模型	ρ	ϖ	$(\hat{\lambda}_i,\hat{r})$	$(\hat{\lambda}_i,0)$	$(0,\hat{r})$	$(0,0)$	(λ_i,r)
1	0.95	0.8	0.81	0.96	0.81	0.96	0.81
		0.9	0.80	0.89	0.80	0.89	0.80
		1	0.69	0.39	0.69	0.39	0.70
	0.9	0.8	1.00	0.99	1.00	0.99	1.00
		0.9	0.99	0.96	0.99	0.96	0.99
		1	0.96	0.47	0.96	0.47	0.96

续表

模型	ρ	ϖ	$(\hat{\lambda}_i,\hat{r})$	$(\hat{\lambda}_i,0)$	$(0,\hat{r})$	$(0,0)$	(λ_i,r)
2	0.95	0.8	0.62	0.80	0.77	0.77	0.78
		0.9	0.59	0.77	0.75	0.72	0.77
		1	0.53	0.36	0.67	0.30	0.70
	0.9	0.8	0.91	0.93	0.98	0.90	0.99
		0.9	0.90	0.88	0.99	0.86	0.99
		1	0.84	0.40	0.95	0.37	0.96
3	0.95	0.8	0.78	0.93	0.92	0.88	0.78
		0.9	0.75	0.86	0.68	0.73	0.75
		1	0.63	0.40	0.08	0.09	0.64
	0.9	0.8	0.99	0.98	0.91	0.88	0.99
		0.9	0.98	0.94	0.71	0.75	0.99
		1	0.91	0.50	0.09	0.10	0.91
4	0.95	0.8	0.27	0.68	0.27	0.68	0.27
		0.9	0.25	0.58	0.25	0.58	0.25
		1	0.24	0.30	0.24	0.30	0.24
	0.9	0.8	0.83	0.89	0.83	0.89	0.83
		0.9	0.80	0.80	0.80	0.80	0.81
		1	0.74	0.43	0.74	0.43	0.74
5	0.95	0.8	0.27	0.59	0.30	0.73	0.29
		0.9	0.25	0.53	0.25	0.64	0.25
		1	0.22	0.28	0.24	0.33	0.23
	0.9	0.8	0.73	0.84	0.82	0.91	0.82
		0.9	0.71	0.73	0.79	0.82	0.79
		1	0.66	0.38	0.72	0.42	0.74
6	0.95	0.8	0.26	0.65	0.95	0.99	0.26
		0.9	0.25	0.55	0.75	0.92	0.25
		1	0.22	0.31	0.05	0.48	0.22
	0.9	0.8	0.78	0.89	0.96	0.99	0.81
		0.9	0.78	0.74	0.73	0.91	0.78
		1	0.72	0.40	0.06	0.49	0.72

表 B-3　　　　$MSB_{\hat{\xi}}$ 检验水平（$T=100$，$N=40$，$r=2$）

模型	ϖ	$(\hat{\lambda}_i,\hat{r})$	$(\hat{\lambda}_i,0)$	$(0,\hat{r})$	$(0,0)$	(λ_i,r)
1	0.8	0.12	0.37	0.12	0.37	0.12
	0.9	0.11	0.44	0.11	0.44	0.11
	1	0.11	0.34	0.11	0.34	0.11
2	0.8	0.11	0.28	0.12	0.31	0.12
	0.9	0.14	0.31	0.14	0.32	0.13
	1	0.10	0.32	0.10	0.32	0.10
3	0.8	0.12	0.33	1.00	1.00	0.12
	0.9	0.12	0.39	0.95	0.97	0.12
	1	0.10	0.30	0.16	0.29	0.10
4	0.8	0.05	0.51	0.05	0.51	0.05
	0.9	0.04	0.47	0.04	0.47	0.04
	1	0.06	0.34	0.06	0.34	0.06
5	0.8	0.03	0.41	0.03	0.60	0.03
	0.9	0.05	0.43	0.05	0.56	0.04
	1	0.05	0.33	0.04	0.38	0.05
6	0.8	0.04	0.48	1.00	1.00	0.04
	0.9	0.04	0.46	0.96	1.00	0.04
	1	0.04	0.34	0.12	0.89	0.04

表 B-4　　　　$MSB_{\hat{\xi}}$ 检验势（$T=100$，$N=40$，$r=2$）

模型	ρ	ϖ	$(\hat{\lambda}_i,\hat{r})$	$(\hat{\lambda}_i,0)$	$(0,\hat{r})$	$(0,0)$	(λ_i,r)
1	0.95	0.8	1.00	1.00	1.00	1.00	1.00
		0.9	1.00	0.99	1.00	0.99	1.00
		1	0.99	0.61	0.99	0.61	0.99
	0.9	0.8	1.00	1.00	1.00	1.00	1.00
		0.9	1.00	0.99	1.00	0.99	1.00
		1	0.96	0.47	0.96	0.47	0.96

续表

模型	ρ	ϖ	$(\hat{\lambda}_i,\hat{r})$	$(\hat{\lambda}_i,0)$	$(0,\hat{r})$	$(0,0)$	(λ_i,r)
2	0.95	0.8	0.97	0.98	0.99	0.98	0.99
		0.9	0.97	0.93	0.99	0.94	1.00
		1	0.96	0.59	0.98	0.56	0.98
	0.9	0.8	1.00	1.00	1.00	0.99	1.00
		0.9	1.00	0.98	1.00	0.99	1.00
		1	1.00	0.63	1.00	0.60	1.00
3	0.95	0.8	0.99	0.99	1.00	0.99	0.99
		0.9	0.99	0.97	0.96	0.97	0.99
		1	0.98	0.60	0.16	0.28	0.98
	0.9	0.8	1.00	1.00	1.00	1.00	1.00
		0.9	1.00	0.98	0.96	0.97	1.00
		1	1.00	0.66	0.16	0.29	1.00
4	0.95	0.8	0.62	0.90	0.62	0.90	0.62
		0.9	0.61	0.81	0.61	0.81	0.61
		1	0.58	0.51	0.58	0.51	0.58
	0.9	0.8	1.00	0.98	1.00	0.98	1.00
		0.9	0.99	0.92	0.99	0.92	0.99
		1	0.98	0.60	0.98	0.60	0.98
5	0.95	0.8	0.55	0.88	0.59	0.94	0.59
		0.9	0.56	0.79	0.58	0.85	0.58
		1	0.53	0.47	0.57	0.53	0.56
	0.9	0.8	0.99	0.96	1.00	0.98	0.99
		0.9	0.98	0.88	0.99	0.93	0.99
		1	0.98	0.58	0.98	0.61	0.99
6	0.95	0.8	0.58	0.89	1.00	1.00	0.58
		0.9	0.60	0.80	0.97	1.00	0.60
		1	0.54	0.49	0.12	0.87	0.54
	0.9	0.8	0.99	0.98	1.00	1.00	0.99
		0.9	0.99	0.89	0.96	1.00	0.99
		1	0.97	0.63	0.11	0.88	0.97

表 B-5 $MSB_{\hat{F}}$ 和 $ADF_{\hat{F}}$ 检验水平（$T=100$，$N=20$，$r=1$）

模型	ρ	$MSB_{\hat{F}}$			$ADF_{\hat{F}}$		
		$(\hat{\lambda}_i,\hat{r})$	$(0,\hat{r})$	(λ_i,r)	$(\hat{\lambda}_i,\hat{r})$	$(0,\hat{r})$	(λ_i,r)
1	1	0.08	0.08	0.07	0.04	0.04	0.04
	0.95	0.09	0.09	0.09	0.06	0.06	0.06
	0.9	0.09	0.09	0.08	0.06	0.06	0.06
2	1	0.09	1.00	0.08	0.05	0.00	0.05
	0.95	0.10	1.00	0.07	0.06	0.00	0.05
	0.9	0.09	1.00	0.08	0.05	0.00	0.06
3	1	0.08	0.52	0.07	0.04	0.00	0.04
	0.95	0.08	0.48	0.07	0.04	0.00	0.04
	0.9	0.08	0.48	0.08	0.07	0.00	0.07
4	1	0.10	0.10	0.09	0.05	0.05	0.05
	0.95	0.07	0.07	0.07	0.05	0.05	0.05
	0.9	0.09	0.09	0.08	0.06	0.06	0.06
5	1	0.11	1.00	0.08	0.05	0.00	0.05
	0.95	0.10	1.00	0.09	0.05	0.00	0.06
	0.9	0.11	1.00	0.09	0.06	0.00	0.05
6	1	0.09	0.52	0.08	0.05	0.00	0.05
	0.95	0.09	0.48	0.08	0.05	0.00	0.05
	0.9	0.08	0.48	0.07	0.05	0.00	0.05

表 B-6 $MSB_{\hat{F}}$ 和 $ADF_{\hat{F}}$ 检验势（$T=100$，$N=20$，$r=1$）

模型	ϖ	ρ	$MSB_{\hat{F}}$			$ADF_{\hat{F}}$		
			$(\hat{\lambda}_i,\hat{r})$	$(0,\hat{r})$	(λ_i,r)	$(\hat{\lambda}_i,\hat{r})$	$(0,\hat{r})$	(λ_i,r)
1	0.9	1	0.30	0.30	0.29	0.18	0.18	0.18
		0.95	0.36	0.36	0.35	0.22	0.22	0.23
		0.9	0.35	0.35	0.35	0.24	0.24	0.24
	0.8	1	0.38	0.38	0.36	0.36	0.36	0.37
		0.95	0.47	0.47	0.46	0.47	0.47	0.48
		0.9	0.51	0.51	0.50	0.49	0.49	0.50

续表

模型	ϖ	ρ	$MSB_{\hat{F}}$ $(\hat{\lambda}_i,\hat{r})$	$MSB_{\hat{F}}$ $(0,\hat{r})$	$MSB_{\hat{F}}$ (λ_i,r)	$ADF_{\hat{F}}$ $(\hat{\lambda}_i,\hat{r})$	$ADF_{\hat{F}}$ $(0,\hat{r})$	$ADF_{\hat{F}}$ (λ_i,r)
2	0.9	1	0.25	1.00	0.24	0.18	0.00	0.18
2	0.9	0.95	0.30	1.00	0.29	0.22	0.00	0.24
2	0.9	0.9	0.31	1.00	0.31	0.21	0.00	0.23
2	0.8	1	0.31	1.00	0.32	0.28	0.00	0.34
2	0.8	0.95	0.41	1.00	0.45	0.34	0.00	0.42
2	0.8	0.9	0.43	1.00	0.47	0.35	0.00	0.43
3	0.9	1	0.27	0.56	0.26	0.18	0.00	0.19
3	0.9	0.95	0.30	0.59	0.29	0.21	0.00	0.21
3	0.9	0.9	0.35	0.55	0.34	0.23	0.00	0.24
3	0.8	1	0.36	0.55	0.36	0.33	0.00	0.33
3	0.8	0.95	0.45	0.59	0.45	0.41	0.00	0.41
3	0.8	0.9	0.47	0.60	0.47	0.43	0.00	0.44
4	0.9	1	0.21	0.21	0.20	0.14	0.14	0.14
4	0.9	0.95	0.23	0.23	0.22	0.16	0.16	0.16
4	0.9	0.9	0.24	0.24	0.23	0.17	0.17	0.17
4	0.8	1	0.32	0.32	0.31	0.29	0.29	0.29
4	0.8	0.95	0.37	0.37	0.37	0.33	0.33	0.33
4	0.8	0.9	0.38	0.38	0.37	0.34	0.34	0.34
5	0.9	1	0.22	1.00	0.20	0.15	0.00	0.16
5	0.9	0.95	0.22	1.00	0.21	0.13	0.00	0.15
5	0.9	0.9	0.25	1.00	0.24	0.15	0.00	0.15
5	0.8	1	0.32	1.00	0.31	0.27	0.00	0.28
5	0.8	0.95	0.31	1.00	0.32	0.28	0.00	0.30
5	0.8	0.9	0.35	1.00	0.35	0.28	0.00	0.31
6	0.9	1	0.21	0.66	0.21	0.14	0.00	0.14
6	0.9	0.95	0.21	0.61	0.20	0.15	0.00	0.15
6	0.9	0.9	0.25	0.65	0.24	0.16	0.00	0.16
6	0.8	1	0.30	0.66	0.29	0.25	0.01	0.25
6	0.8	0.95	0.33	0.66	0.33	0.29	0.01	0.29
6	0.8	0.9	0.35	0.64	0.35	0.33	0.01	0.33

表 B-7　　$MSB_{\hat{F}}$ 和 $ADF_{\hat{F}}$ 检验水平（$T=100$，$N=40$，$r=1$）

模型	ρ	$MSB_{\hat{F}}$			$ADF_{\hat{F}}$		
		$(\hat{\lambda}_i,\hat{r})$	$(0,\hat{r})$	(λ_i,r)	$(\hat{\lambda}_i,\hat{r})$	$(0,\hat{r})$	(λ_i,r)
1	1	0.10	0.10	0.08	0.05	0.05	0.05
	0.95	0.07	0.07	0.07	0.06	0.06	0.06
	0.9	0.07	0.07	0.07	0.05	0.05	0.05
2	1	0.08	1.00	0.08	0.06	0.00	0.06
	0.95	0.08	1.00	0.08	0.06	0.00	0.06
	0.9	0.07	1.00	0.07	0.06	0.00	0.06
3	1	0.08	0.38	0.08	0.05	0.00	0.05
	0.95	0.07	0.35	0.07	0.05	0.00	0.05
	0.9	0.08	0.37	0.08	0.06	0.00	0.06
4	1	0.09	0.09	0.08	0.06	0.06	0.06
	0.95	0.07	0.07	0.07	0.04	0.04	0.04
	0.9	0.09	0.09	0.09	0.06	0.06	0.06
5	1	0.10	1.00	0.09	0.07	0.00	0.07
	0.95	0.10	1.00	0.09	0.05	0.00	0.04
	0.9	0.09	1.00	0.08	0.07	0.00	0.07
6	1	0.09	0.38	0.09	0.05	0.00	0.05
	0.95	0.08	0.36	0.08	0.05	0.00	0.05
	0.9	0.10	0.41	0.10	0.06	0.00	0.06

表 B-8　　$MSB_{\hat{F}}$ 和 $ADF_{\hat{F}}$ 检验势（$T=100$，$N=40$，$r=1$）

模型	ϖ	ρ	$MSB_{\hat{F}}$			$ADF_{\hat{F}}$		
			$(\hat{\lambda}_i,\hat{r})$	$(0,\hat{r})$	(λ_i,r)	$(\hat{\lambda}_i,\hat{r})$	$(0,\hat{r})$	(λ_i,r)
1	0.9	1	0.30	0.30	0.30	0.21	0.21	0.21
		0.95	0.30	0.30	0.30	0.22	0.22	0.22
		0.9	0.35	0.35	0.34	0.24	0.24	0.24
	0.8	1	0.42	0.42	0.42	0.44	0.44	0.45
		0.95	0.50	0.50	0.50	0.51	0.51	0.51
		0.9	0.53	0.53	0.52	0.55	0.55	0.55

◇ 截面相关下的变结构面板协整检验研究

续表

模型	ϖ	ρ	$MSB_{\hat{F}}$ $(\hat{\lambda}_i,\hat{r})$	$MSB_{\hat{F}}$ $(0,\hat{r})$	$MSB_{\hat{F}}$ (λ_i,r)	$ADF_{\hat{F}}$ $(\hat{\lambda}_i,\hat{r})$	$ADF_{\hat{F}}$ $(0,\hat{r})$	$ADF_{\hat{F}}$ (λ_i,r)
2	0.9	1	0.26	1.00	0.27	0.19	0.00	0.20
		0.95	0.29	1.00	0.30	0.23	0.00	0.23
		0.9	0.30	1.00	0.31	0.22	0.00	0.25
	0.8	1	0.35	1.00	0.40	0.34	0.00	0.37
		0.95	0.40	1.00	0.42	0.37	0.00	0.43
		0.9	0.40	1.00	0.44	0.39	0.00	0.44
3	0.9	1	0.28	0.52	0.28	0.22	0.00	0.22
		0.95	0.32	0.56	0.32	0.22	0.00	0.22
		0.9	0.30	0.53	0.30	0.25	0.00	0.25
	0.8	1	0.40	0.56	0.40	0.37	0.00	0.38
		0.95	0.44	0.58	0.43	0.41	0.00	0.41
		0.9	0.45	0.59	0.45	0.45	0.00	0.45
4	0.9	1	0.23	0.23	0.22	0.15	0.15	0.15
		0.95	0.24	0.24	0.24	0.15	0.15	0.15
		0.9	0.22	0.22	0.22	0.15	0.15	0.15
	0.8	1	0.33	0.33	0.33	0.30	0.30	0.30
		0.95	0.36	0.36	0.36	0.32	0.32	0.33
		0.9	0.39	0.39	0.39	0.37	0.37	0.37
5	0.9	1	0.21	1.00	0.21	0.14	0.00	0.15
		0.95	0.23	1.00	0.22	0.15	0.00	0.15
		0.9	0.20	1.00	0.21	0.14	0.00	0.14
	0.8	1	0.32	1.00	0.32	0.30	0.00	0.33
		0.95	0.34	1.00	0.35	0.29	0.00	0.31
		0.9	0.34	1.00	0.34	0.30	0.00	0.34

续表

模型	ϖ	ρ	$MSB_{\hat{r}}$			$ADF_{\hat{r}}$		
			$(\hat{\lambda}_i,\hat{r})$	$(0,\hat{r})$	(λ_i,r)	$(\hat{\lambda}_i,\hat{r})$	$(0,\hat{r})$	(λ_i,r)
6	0.9	1	0.22	0.62	0.22	0.15	0.00	0.15
		0.95	0.21	0.61	0.21	0.15	0.00	0.15
		0.9	0.25	0.61	0.25	0.16	0.00	0.16
	0.8	1	0.32	0.61	0.31	0.30	0.00	0.30
		0.95	0.36	0.62	0.36	0.31	0.00	0.31
		0.9	0.34	0.61	0.34	0.34	0.00	0.34

表 B-9　　MQ 统计量的选择结果

($T=100$, $N=20$, $r=2$, 模型 1)

	ϖ	ρ	$(\hat{\lambda}_i,\hat{r})$				$(0,\hat{r})$			
			0	1	2	3	0	1	2	3
$MQ_c^l(q)$	1	1	0.00	0.05	0.93	0.02	0.00	0.05	0.93	0.02
		0.95	0.00	0.05	0.93	0.02	0.00	0.05	0.93	0.02
		0.9	0.00	0.05	0.93	0.02	0.00	0.05	0.93	0.02
	0.9	1	0.08	0.16	0.74	0.02	0.08	0.16	0.74	0.02
		0.95	0.12	0.18	0.69	0.01	0.12	0.18	0.69	0.01
		0.9	0.14	0.19	0.66	0.01	0.14	0.19	0.66	0.01
	0.8	1	0.40	0.27	0.32	0.01	0.40	0.27	0.32	0.01
		0.95	0.61	0.14	0.24	0.01	0.61	0.14	0.24	0.01
		0.9	0.74	0.09	0.17	0.00	0.74	0.09	0.17	0.00
$MQ_f^l(q)$	1	1	0.00	0.03	0.94	0.03	0.00	0.03	0.94	0.03
		0.95	0.00	0.03	0.95	0.02	0.00	0.03	0.95	0.02
		0.9	0.00	0.04	0.94	0.02	0.00	0.04	0.94	0.02
	0.9	1	0.07	0.14	0.76	0.03	0.07	0.14	0.76	0.03
		0.95	0.08	0.16	0.75	0.01	0.08	0.16	0.75	0.01
		0.9	0.10	0.18	0.71	0.01	0.10	0.18	0.71	0.01
	0.8	1	0.40	0.23	0.36	0.01	0.40	0.23	0.36	0.01
		0.95	0.58	0.14	0.27	0.01	0.58	0.14	0.27	0.01
		0.9	0.68	0.10	0.22	0.00	0.68	0.10	0.22	0.00

表 B-10　　　　MQ 统计量的选择结果

($T=100$, $N=20$, $r=2$, 模型 2)

	ϖ	ρ	$(\hat{\lambda}_i, \hat{r})$ 0	1	2	3	$(0, \hat{r})$ 0	1	2	3
$MQ_c^l(q)$	1	1	0.00	0.04	0.91	0.05	0.00	0.00	0.05	0.95
		0.95	0.00	0.04	0.89	0.07	0.00	0.00	0.05	0.95
		0.9	0.00	0.05	0.89	0.06	0.00	0.01	0.06	0.93
	0.9	1	0.05	0.17	0.70	0.08	0.00	0.02	0.13	0.85
		0.95	0.07	0.19	0.68	0.06	0.00	0.02	0.13	0.85
		0.9	0.08	0.16	0.71	0.05	0.00	0.03	0.14	0.83
	0.8	1	0.23	0.31	0.39	0.07	0.01	0.19	0.26	0.54
		0.95	0.34	0.26	0.35	0.05	0.00	0.20	0.25	0.55
		0.9	0.39	0.26	0.31	0.04	0.00	0.27	0.26	0.47
$MQ_f^l(q)$	1	1	0.00	0.04	0.91	0.05	0.00	0.00	0.03	0.97
		0.95	0.00	0.03	0.90	0.07	0.00	0.00	0.04	0.96
		0.9	0.00	0.04	0.91	0.05	0.00	0.00	0.06	0.94
	0.9	1	0.03	0.15	0.73	0.09	0.00	0.02	0.11	0.87
		0.95	0.04	0.16	0.74	0.06	0.00	0.02	0.11	0.87
		0.9	0.05	0.14	0.75	0.06	0.00	0.02	0.12	0.86
	0.8	1	0.24	0.27	0.42	0.07	0.00	0.15	0.26	0.59
		0.95	0.32	0.23	0.40	0.05	0.00	0.17	0.24	0.59
		0.9	0.38	0.23	0.34	0.05	0.00	0.22	0.26	0.52

表 B-11　　　　MQ 统计量的选择结果

($T=100$, $N=20$, $r=2$, 模型 3)

	ϖ	ρ	$(\hat{\lambda}_i, \hat{r})$ 0	1	2	3	$(0, \hat{r})$ 0	1	2	3
$MQ_c^l(q)$	1	1	0.00	0.04	0.93	0.03	0.53	0.09	0.25	0.13
		0.95	0.00	0.06	0.92	0.02	0.54	0.09	0.23	0.14
		0.9	0.00	0.05	0.93	0.02	0.53	0.07	0.26	0.14
	0.9	1	0.07	0.16	0.75	0.02	0.47	0.11	0.23	0.19
		0.95	0.09	0.19	0.71	0.01	0.44	0.12	0.25	0.19
		0.9	0.12	0.20	0.67	0.01	0.46	0.14	0.23	0.17

续表

	ϖ	ρ	$(\hat{\lambda}_i, \hat{r})$				$(0, \hat{r})$			
			0	1	2	3	0	1	2	3
$MQ_c^l(q)$	0.8	1	0.35	0.28	0.35	0.02	0.47	0.35	0.12	0.06
		0.95	0.52	0.20	0.27	0.01	0.43	0.39	0.13	0.05
		0.9	0.62	0.18	0.20	0.00	0.45	0.38	0.12	0.05
$MQ_f^l(q)$	1	1	0.00	0.03	0.94	0.03	0.53	0.08	0.25	0.14
		0.95	0.00	0.05	0.93	0.02	0.54	0.07	0.24	0.15
		0.9	0.00	0.04	0.94	0.02	0.53	0.05	0.26	0.16
	0.9	1	0.05	0.15	0.78	0.02	0.47	0.09	0.24	0.20
		0.95	0.05	0.18	0.75	0.02	0.44	0.10	0.27	0.19
		0.9	0.08	0.18	0.72	0.02	0.46	0.10	0.25	0.19
	0.8	1	0.36	0.24	0.37	0.03	0.47	0.32	0.14	0.07
		0.95	0.50	0.18	0.31	0.01	0.43	0.38	0.14	0.05
		0.9	0.59	0.17	0.24	0.00	0.45	0.35	0.14	0.06

表 B-12　　MQ 统计量的选择结果
($T = 100$, $N = 20$, $r = 2$, 模型 4)

	ϖ	ρ	$(\hat{\lambda}_i, \hat{r})$				$(0, \hat{r})$			
			0	1	2	3	0	1	2	3
$MQ_c^l(q)$	1	1	0.00	0.06	0.92	0.02	0.00	0.06	0.92	0.02
		0.95	0.00	0.04	0.94	0.02	0.00	0.04	0.94	0.02
		0.9	0.00	0.05	0.93	0.02	0.00	0.05	0.93	0.02
	0.9	1	0.02	0.14	0.83	0.01	0.02	0.14	0.83	0.01
		0.95	0.03	0.13	0.82	0.02	0.03	0.13	0.82	0.02
		0.9	0.03	0.12	0.83	0.02	0.03	0.12	0.83	0.02
	0.8	1	0.40	0.27	0.32	0.01	0.40	0.27	0.32	0.01
		0.95	0.30	0.22	0.47	0.01	0.30	0.22	0.47	0.01
		0.9	0.31	0.19	0.48	0.02	0.31	0.19	0.48	0.02

续表

ϖ	ρ	$(\hat{\lambda}_i,\hat{r})$				$(0,\hat{r})$			
		0	1	2	3	0	1	2	3
$MQ_f^l(q)$	1	1	0.00	0.04	0.94	0.02	0.00	0.04	0.94	0.02
		0.95	0.00	0.03	0.95	0.02	0.00	0.03	0.95	0.02
		0.9	0.00	0.04	0.95	0.01	0.00	0.04	0.95	0.01
	0.9	1	0.01	0.12	0.85	0.02	0.01	0.12	0.85	0.02
		0.95	0.02	0.11	0.85	0.02	0.02	0.11	0.85	0.02
		0.9	0.02	0.11	0.85	0.02	0.02	0.11	0.85	0.02
	0.8	1	0.22	0.19	0.57	0.02	0.22	0.19	0.57	0.02
		0.95	0.23	0.23	0.53	0.01	0.23	0.23	0.53	0.01
		0.9	0.26	0.21	0.51	0.02	0.26	0.21	0.51	0.02

表 B-13　　MQ 统计量的选择结果

($T=100$, $N=20$, $r=2$, 模型 5)

	ϖ	ρ	$(\hat{\lambda}_i,\hat{r})$				$(0,\hat{r})$			
			0	1	2	3	0	1	2	3
$MQ_c^l(q)$	1	1	0.00	0.04	0.88	0.08	0.00	0.00	0.03	0.97
		0.95	0.00	0.03	0.91	0.06	0.00	0.00	0.03	0.97
		0.9	0.00	0.05	0.90	0.05	0.00	0.00	0.05	0.95
	0.9	1	0.01	0.09	0.82	0.08	0.00	0.01	0.06	0.93
		0.95	0.03	0.11	0.78	0.08	0.00	0.01	0.07	0.92
		0.9	0.02	0.15	0.77	0.06	0.00	0.01	0.08	0.91
	0.8	1	0.16	0.24	0.53	0.07	0.01	0.06	0.15	0.78
		0.95	0.21	0.22	0.51	0.06	0.03	0.08	0.15	0.74
		0.9	0.26	0.22	0.46	0.06	0.03	0.08	0.17	0.72
$MQ_f^l(q)$	1	1	0.00	0.03	0.89	0.08	0.00	0.00	0.03	0.97
		0.95	0.00	0.03	0.91	0.06	0.00	0.00	0.03	0.97
		0.9	0.00	0.04	0.90	0.06	0.00	0.00	0.04	0.96
	0.9	1	0.00	0.08	0.83	0.09	0.00	0.01	0.05	0.94
		0.95	0.02	0.09	0.81	0.08	0.00	0.01	0.07	0.92
		0.9	0.01	0.13	0.80	0.06	0.00	0.01	0.06	0.93

续表

	ϖ	ρ	$(\hat{\lambda}_i,\hat{r})$				$(0,\hat{r})$			
			0	1	2	3	0	1	2	3
$MQ_f^l(q)$	0.8	1	0.12	0.22	0.58	0.08	0.01	0.06	0.13	0.80
		0.95	0.17	0.22	0.55	0.06	0.03	0.07	0.15	0.75
		0.9	0.21	0.21	0.51	0.07	0.03	0.07	0.17	0.73

表 B-14   MQ 统计量的选择结果

($T=100$, $N=20$, $r=2$, 模型 6)

	ϖ	ρ	$(\hat{\lambda}_i,\hat{r})$				$(0,\hat{r})$			
			0	1	2	3	0	1	2	3
$MQ_c^l(q)$	1	1	0.00	0.04	0.93	0.03	0.54	0.05	0.28	0.13
		0.95	0.00	0.04	0.95	0.01	0.53	0.04	0.29	0.14
		0.9	0.00	0.05	0.93	0.02	0.51	0.06	0.27	0.16
	0.9	1	0.02	0.12	0.83	0.03	0.46	0.07	0.26	0.21
		0.95	0.03	0.12	0.83	0.02	0.46	0.05	0.26	0.23
		0.9	0.04	0.13	0.82	0.01	0.46	0.05	0.26	0.23
	0.8	1	0.20	0.22	0.56	0.02	0.45	0.23	0.19	0.13
		0.95	0.27	0.22	0.50	0.01	0.45	0.22	0.20	0.13
		0.9	0.32	0.19	0.46	0.03	0.46	0.24	0.18	0.12
$MQ_f^l(q)$	1	1	0.00	0.03	0.94	0.03	0.53	0.05	0.28	0.14
		0.95	0.00	0.03	0.96	0.01	0.52	0.03	0.30	0.15
		0.9	0.00	0.04	0.94	0.02	0.52	0.04	0.27	0.17
	0.9	1	0.01	0.09	0.87	0.03	0.45	0.06	0.27	0.22
		0.95	0.02	0.10	0.85	0.03	0.46	0.04	0.27	0.23
		0.9	0.02	0.11	0.85	0.02	0.46	0.03	0.28	0.23
	0.8	1	0.17	0.21	0.60	0.02	0.45	0.20	0.22	0.13
		0.95	0.22	0.22	0.55	0.01	0.45	0.20	0.22	0.13
		0.9	0.26	0.20	0.51	0.03	0.46	0.22	0.20	0.12

◇ 截面相关下的变结构面板协整检验研究

表 B-15　　　　　MQ 统计量的选择结果

($T=100$, $N=40$, $r=2$, 模型 1)

	ϖ	ρ	$(\hat{\lambda}_i, \hat{r})$				$(0, \hat{r})$			
			0	1	2	3	0	1	2	3
$MQ_c^l(q)$	1	1	0.00	0.05	0.95	0.00	0.00	0.05	0.95	0.00
		0.95	0.00	0.05	0.95	0.00	0.00	0.05	0.95	0.00
		0.9	0.00	0.06	0.94	0.00	0.00	0.06	0.94	0.00
	0.9	1	0.08	0.18	0.73	0.01	0.08	0.18	0.73	0.01
		0.95	0.09	0.19	0.72	0.00	0.09	0.19	0.72	0.00
		0.9	0.10	0.21	0.69	0.00	0.10	0.21	0.69	0.00
	0.8	1	0.53	0.20	0.27	0.00	0.53	0.20	0.27	0.00
		0.95	0.69	0.10	0.20	0.01	0.69	0.10	0.20	0.01
		0.9	0.74	0.08	0.18	0.00	0.74	0.08	0.18	0.00
$MQ_f^l(q)$	1	1	0.00	0.04	0.96	0.00	0.00	0.04	0.96	0.00
		0.95	0.00	0.04	0.96	0.00	0.00	0.04	0.96	0.00
		0.9	0.00	0.05	0.95	0.00	0.00	0.05	0.95	0.00
	0.9	1	0.06	0.16	0.78	0.00	0.06	0.16	0.78	0.00
		0.95	0.07	0.19	0.74	0.00	0.07	0.19	0.74	0.00
		0.9	0.07	0.20	0.73	0.01	0.07	0.20	0.73	0.01
	0.8	1	0.51	0.18	0.31	0.00	0.51	0.18	0.31	0.00
		0.95	0.65	0.10	0.24	0.01	0.65	0.10	0.24	0.01
		0.9	0.74	0.08	0.18	0.00	0.74	0.08	0.18	0.00

表 B-16　　　　　MQ 统计量的选择结果

($T=100$, $N=40$, $r=2$, 模型 2)

	ϖ	ρ	$(\hat{\lambda}_i, \hat{r})$				$(0, \hat{r})$			
			0	1	2	3	0	1	2	3
$MQ_c^l(q)$	1	1	0.00	0.07	0.89	0.04	0.00	0.00	0.05	0.95
		0.95	0.00	0.05	0.91	0.04	0.00	0.01	0.05	0.94
		0.9	0.00	0.06	0.92	0.02	0.00	0.00	0.07	0.93

续表

	ϖ	ρ	$(\hat{\lambda}_i,\hat{r})$ 0	1	2	3	$(0,\hat{r})$ 0	1	2	3
$MQ_c^l(q)$	0.9	1	0.07	0.16	0.73	0.04	0.00	0.02	0.13	0.85
		0.95	0.06	0.19	0.70	0.05	0.00	0.01	0.14	0.85
		0.9	0.08	0.20	0.70	0.02	0.00	0.02	0.14	0.84
	0.8	1	0.40	0.27	0.31	0.02	0.00	0.22	0.26	0.52
		0.95	0.42	0.26	0.28	0.04	0.00	0.24	0.27	0.49
		0.9	0.46	0.25	0.27	0.02	0.00	0.27	0.26	0.47
$MQ_f^l(q)$	1	1	0.00	0.06	0.90	0.04	0.00	0.00	0.04	0.96
		0.95	0.00	0.04	0.92	0.04	0.00	0.01	0.04	0.95
		0.9	0.00	0.05	0.93	0.02	0.00	0.00	0.07	0.93
	0.9	1	0.05	0.16	0.75	0.04	0.00	0.01	0.11	0.88
		0.95	0.04	0.17	0.74	0.05	0.00	0.01	0.13	0.86
		0.9	0.06	0.17	0.75	0.02	0.00	0.01	0.11	0.88
	0.8	1	0.37	0.23	0.37	0.03	0.00	0.18	0.26	0.56
		0.95	0.41	0.23	0.32	0.04	0.00	0.24	0.27	0.49
		0.9	0.43	0.24	0.30	0.03	0.00	0.22	0.27	0.51

表 B-17 MQ 统计量的选择结果

($T=100$，$N=40$，$r=2$，模型 3)

	ϖ	ρ	$(\hat{\lambda}_i,\hat{r})$ 0	1	2	3	$(0,\hat{r})$ 0	1	2	3
$MQ_c^l(q)$	1	1	0.00	0.05	0.94	0.01	0.66	0.08	0.22	0.04
		0.95	0.00	0.05	0.95	0.00	0.64	0.07	0.22	0.07
		0.9	0.00	0.04	0.96	0.00	0.68	0.08	0.19	0.05
	0.9	1	0.07	0.20	0.72	0.01	0.53	0.14	0.22	0.11
		0.95	0.08	0.17	0.75	0.00	0.51	0.15	0.24	0.10
		0.9	0.10	0.20	0.70	0.00	0.50	0.15	0.23	0.12
	0.8	1	0.44	0.26	0.30	0.00	0.46	0.42	0.09	0.03
		0.95	0.54	0.21	0.25	0.00	0.43	0.43	0.10	0.04
		0.9	0.59	0.17	0.24	0.00	0.46	0.44	0.08	0.02

◇ 截面相关下的变结构面板协整检验研究

续表

	ϖ	ρ	\multicolumn{4}{c}{$(\hat{\lambda}_i,\hat{r})$}	\multicolumn{4}{c}{$(0,\hat{r})$}
			0	1	2	3	0	1	2	3
$MQ_f^l(q)$	1	1	0.00	0.04	0.95	0.01	0.66	0.07	0.23	0.04
		0.95	0.00	0.03	0.97	0.00	0.64	0.09	0.21	0.06
		0.9	0.00	0.02	0.98	0.00	0.68	0.07	0.20	0.05
	0.9	1	0.05	0.18	0.76	0.01	0.53	0.11	0.24	0.12
		0.95	0.06	0.16	0.78	0.00	0.51	0.12	0.25	0.12
		0.9	0.08	0.17	0.75	0.00	0.50	0.11	0.26	0.13
	0.8	1	0.44	0.23	0.33	0.00	0.46	0.39	0.11	0.04
		0.95	0.51	0.21	0.28	0.00	0.43	0.40	0.11	0.06
		0.9	0.55	0.17	0.28	0.00	0.46	0.41	0.11	0.02

表 B-18　　　　　　MQ 统计量的选择结果

($T=100$，$N=40$，$r=2$，模型 4)

	ϖ	ρ	\multicolumn{4}{c}{$(\hat{\lambda}_i,\hat{r})$}	\multicolumn{4}{c}{$(0,\hat{r})$}
			0	1	2	3	0	1	2	3
$MQ_c^l(q)$	1	1	0.00	0.04	0.96	0.00	0.00	0.04	0.96	0.00
		0.95	0.00	0.04	0.96	0.00	0.00	0.04	0.96	0.00
		0.9	0.00	0.05	0.95	0.00	0.00	0.05	0.95	0.00
	0.9	1	0.02	0.11	0.86	0.01	0.02	0.11	0.86	0.01
		0.95	0.03	0.11	0.86	0.00	0.03	0.11	0.86	0.00
		0.9	0.03	0.11	0.86	0.00	0.03	0.11	0.86	0.00
	0.8	1	0.28	0.24	0.48	0.00	0.28	0.24	0.48	0.00
		0.95	0.31	0.23	0.46	0.00	0.31	0.23	0.46	0.00
		0.9	0.35	0.21	0.44	0.00	0.35	0.21	0.44	0.00
$MQ_f^l(q)$	1	1	0.00	0.03	0.97	0.00	0.00	0.03	0.97	0.00
		0.95	0.00	0.03	0.97	0.00	0.00	0.03	0.97	0.00
		0.9	0.00	0.03	0.97	0.00	0.00	0.03	0.97	0.00
	0.9	1	0.00	0.12	0.87	0.01	0.00	0.12	0.87	0.01
		0.95	0.02	0.10	0.88	0.00	0.02	0.10	0.88	0.00
		0.9	0.02	0.10	0.88	0.00	0.02	0.10	0.88	0.00

续表

	ϖ	ρ	$(\hat{\lambda}_i,\hat{r})$				$(0,\hat{r})$			
			0	1	2	3	0	1	2	3
$MQ_f^l(q)$	0.8	1	0.23	0.25	0.51	0.01	0.23	0.25	0.51	0.01
		0.95	0.24	0.26	0.50	0.00	0.24	0.26	0.50	0.00
		0.9	0.28	0.23	0.49	0.00	0.28	0.23	0.49	0.00

表 B-19　　MQ 统计量的选择结果

($T=100$, $N=40$, $r=2$, 模型 5)

	ϖ	ρ	$(\hat{\lambda}_i,\hat{r})$				$(0,\hat{r})$			
			0	1	2	3	0	1	2	3
$MQ_c^l(q)$	1	1	0.00	0.04	0.91	0.05	0.00	0.00	0.01	0.99
		0.95	0.00	0.04	0.93	0.03	0.00	0.00	0.02	0.98
		0.9	0.00	0.04	0.93	0.03	0.00	0.00	0.03	0.97
	0.9	1	0.02	0.10	0.83	0.05	0.00	0.01	0.06	0.93
		0.95	0.02	0.10	0.83	0.05	0.00	0.01	0.07	0.92
		0.9	0.02	0.13	0.80	0.05	0.00	0.01	0.08	0.91
	0.8	1	0.21	0.20	0.53	0.06	0.02	0.07	0.16	0.75
		0.95	0.25	0.24	0.48	0.03	0.03	0.08	0.17	0.72
		0.9	0.29	0.24	0.43	0.04	0.04	0.08	0.18	0.70
$MQ_f^l(q)$	1	1	0.00	0.02	0.92	0.06	0.00	0.00	0.01	0.99
		0.95	0.00	0.03	0.94	0.03	0.00	0.00	0.02	0.98
		0.9	0.00	0.03	0.94	0.03	0.00	0.00	0.03	0.97
	0.9	1	0.01	0.08	0.86	0.05	0.00	0.01	0.05	0.94
		0.95	0.02	0.08	0.85	0.05	0.00	0.01	0.07	0.92
		0.9	0.01	0.11	0.83	0.05	0.00	0.01	0.07	0.92
	0.8	1	0.18	0.22	0.55	0.05	0.02	0.06	0.16	0.76
		0.95	0.21	0.24	0.52	0.03	0.03	0.07	0.17	0.73
		0.9	0.24	0.24	0.48	0.04	0.02	0.07	0.18	0.73

表 B-20　　　　　MQ 统计量的选择结果

($T=100$，$N=40$，$r=2$，模型 6)

	ϖ	ρ	($\hat{\lambda}_i, \hat{r}$)				($0, \hat{r}$)			
			0	1	2	3	0	1	2	3
$MQ_c^l(q)$	1	1	0.00	0.04	0.96	0.00	0.68	0.05	0.22	0.05
		0.95	0.00	0.05	0.95	0.00	0.68	0.05	0.21	0.06
		0.9	0.00	0.04	0.96	0.00	0.64	0.07	0.24	0.05
	0.9	1	0.03	0.13	0.84	0.00	0.48	0.08	0.28	0.16
		0.95	0.02	0.14	0.84	0.00	0.49	0.09	0.28	0.14
		0.9	0.03	0.11	0.86	0.00	0.50	0.08	0.26	0.16
	0.8	1	0.27	0.22	0.50	0.01	0.45	0.28	0.18	0.09
		0.95	0.27	0.22	0.50	0.01	0.47	0.27	0.18	0.08
		0.9	0.31	0.22	0.47	0.00	0.46	0.27	0.17	0.10
$MQ_f^l(q)$	1	1	0.00	0.03	0.97	0.00	0.68	0.04	0.22	0.06
		0.95	0.00	0.04	0.96	0.00	0.68	0.05	0.21	0.06
		0.9	0.00	0.03	0.97	0.00	0.64	0.06	0.24	0.06
	0.9	1	0.01	0.11	0.88	0.00	0.48	0.05	0.30	0.17
		0.95	0.01	0.11	0.88	0.00	0.49	0.09	0.28	0.14
		0.9	0.02	0.10	0.88	0.00	0.50	0.07	0.27	0.16
	0.8	1	0.22	0.23	0.54	0.01	0.44	0.24	0.23	0.09
		0.95	0.23	0.21	0.56	0.00	0.47	0.24	0.20	0.09
		0.9	0.25	0.22	0.53	0.00	0.46	0.27	0.17	0.10

参考文献

陈海燕：《面板数据模型的检验方法研究》，博士学位论文，天津大学，2010年。

邓晓兰等：《碳排放与经济发展服从倒U型曲线关系吗——对环境库兹涅茨曲线假说的重新解读》，《财贸经济》2014年第2期。

封福育：《储蓄、投资与中国资本流动——基于面板协整分析》，《统计与信息论坛》2010年第3期。

封福育：《东亚各国的储蓄、投资和资本流动性》，《亚太经济》2008年第4期。

付加锋等：《基于生产与消费视角的CO_2环境库茨涅兹曲线的实证研究》，《气候变化研究进展》2008年第6期。

韩玉军、陆旸：《经济增长与环境的关系——基于对CO_2环境库兹涅茨曲线的实证研究》，《经济理论与经济管理》2009年第3期。

胡彩梅、韦福雷：《OECD国家能源消费、经济增长与碳排放关系研究》，《统计与信息论坛》2011年第4期。

胡永平等：《基于储蓄——投资关系的中国区域资本流动分析》，《中国软科学》2004年第2期。

胡宗义等：《碳排放与经济增长：空间动态效应与EKC再检验》，《山西财经大学学报》2013年第12期。

李国志、李宗植：《中国二氧化碳排放的区域差异和影响因素研究》，《中国人口·资源与环境》2010年第5期。

林伯强、蒋竺均：《中国二氧化碳的环境库兹涅茨曲线预测及影响因素分析》，《管理世界》2009 年第 4 期。

刘倩、赵普生：《十五个主要碳排放国碳排放与经济增长实证分析与比较研究》，《经济问题探索》2012 年第 2 期。

牛叔文等：《能源消耗、经济增长和碳排放之间的关联分析——基于亚太八国面板数据的实证研究》，《中国软科学》2010 年第 5 期。

欧阳志刚：《面板数据非线性阈值协整的检验方法》，《数量经济技术经济研究》2012 年第 3 期。

欧阳志刚：《阈值协整及其对我国的应用研究》，博士学位论文，华中科技大学，2008 年。

宋军发：《基于 Feldstein-Horioka 方法的中国省域资本流动能力初探》，《海南金融》2012 年第 2 期。

宋涛等：《基于面板数据模型的中国省区环境分析》，《中国软科学》2006 年第 10 期。

王博、文艺：《储蓄投资相关性与中国地区资本市场融合》，《经济学动态》2012 年第 10 期。

王维国等：《基于结构突变和截面相关的面板协整检验》，《数量经济技术经济研究》2013 年第 5 期。

徐冬林、陈永伟：《区域资本流动：基于投资与储蓄关系的检验》，《中国工业经济》2009 年第 3 期。

许广月、宋德勇：《中国碳排放环境库兹涅茨曲线的实证研究——基于省域面板数据》，《中国工业经济》2010 年第 5 期。

薛景：《基于结构突变和截面相关的面板协整检验方法研究》，硕士学位论文，东北财经大学，2012 年。

杨子晖等：《储蓄—投资相关性及影响因素的国际研究——基于发展中国家的面板协整分析》，《国际金融研究》2009 年第 10 期。

于春海：《Feldstein-Horioka 之谜的中国经验分析》，《世界经济》2007 年第 1 期。

郑长德、刘帅：《基于空间计量经济学的碳排放与经济增长分析》,《中国人口·资源与环境》2011年第5期。

Alam, M. J., et al., "Dynamic Modeling of Causal Relationship between Energy Consumption, CO_2 emissions and Economic Growth in India", *Renewable and Sustainable Energy Reviews*, Vol. 15, No. 6, August 2011, pp. 3243-3251.

Altissimo, F. and Corradi, V., "Strong Rules for Detecting the Number of Breaks in a Time Series", *Journal of Econometrics*, Vol. 117, No. 2, December 2003, pp. 207-244.

Amsler, C. and Lee, J., "An LM Test for a Unit Root in the Presence of a Structural Change", *Econometric Theory*, Vol. 11, No. 2, June 1995, pp. 359-368.

Andrews, D. W. K., et al., "Optimal Change Point Tests for Normal Linear Regression", *Journal of Econometrics*, Vol. 70, No. 1, January 1996, pp. 9-38.

Andrews, D. W. K., "Tests for Parameter Instability and Structural Change with Unknown Change Point", *Econometrica*, Vol. 61, No. 4, July 1993, pp. 821-856.

Antonakakis, N., et al., "Energy Consumption, CO_2 Emissions, and Economic Growth: An Ethical Dilemma", *Renewable and Sustainable Energy Reviews*, Vol. 68, February 2017, pp. 808-824.

Armstrong, H., et al., "Domestic Savings, Intra-national and Intra-European Union Capital Flow", *European Economic Review*, Vol. 40, No. 6, June 1996, pp. 1229-1235.

Arouri, M. E. H., et al., "Energy Consumption, Economic Growth and CO_2 Emissions in Middle East and North African Countries", *Energy Policy*, Vol. 45, June 2012, pp. 342-349.

Arsova, A. and Örsal, D. D. K., "Likelihood-based Panel Cointegration Test in the Presence of a Linear Time Trend and Cross-sectional Dependence", *Econometric Review*, Vol. 37, No. 10, May 2018, pp. 1033-1050.

Asimakopoulos, A., "Kalecki and Keynes on Finance, Investment and Saving", *Cambridge Journal of Economics*, Vol. 7, No. 3-4, September 1983, pp. 221-233.

Azomahou, T., et al., "Economic Development and CO_2 Emissions: A Nonparametric Panel Approach", *Journal of Public Economics*, Vol. 90, No. 6-7, August 2006, pp. 1347-1363.

Baek, J., "Environmental Kuznets Curve for CO_2 Emissions: The Case of Arctic Countries", *Energy Economics*, Vol. 50, July 2015, pp. 13-17.

Bai, J. and Carrion-i-Silvestre, J. L., "Structural Changes, Common Stochastic Trends, and Unit Roots in Panel Data", *Review of Economic Studies*, Vol. 76, No. 2, April 2009, pp. 471-501.

Bai, J. and Carrion-i-Silvestre, J. L., "Testing Panel Cointegration with Unobservable Dynamic Common Factors that are Correlated with the Regressors", *Econometrics Journal*, Vol. 16, No. 2, June 2013, pp. 222-249.

Bai, J. and Ng, S., "A Panic Attack on Unit Roots and Cointegration", *Econometrica*, Vol. 72, No. 4, July 2004, pp. 1127-1177.

Bai, J. and Perron, P., "Computation and Analysis of Multiple Structural Change Models", *Journal of Applied Econometrics*, Vol. 18, No. 1, January/February 2003, pp. 1-22.

Bai, J. and Perron, P., "Estimating and Testing Linear Models with Multiple Structural Change", *Econometrica*, Vol. 66, No. 1, January 1998, pp. 47-78.

Bai, J., "Estimating Multiple Breaks one at a Time", *Econometric Theory*, Vol. 13, No. 3, June 1997, pp. 315-352.

Bai, J., "Estimation of a Change Point in Multiple Regression Models", *Review of Economic and Statistics*, Vol. 79, No. 4, November

1997, pp. 551-563.

Bai, J., "Panel Data Models with Interactive Fixed Effects", *Econometrica*, Vol. 77, No. 4, July 2009, pp. 1229-1279.

Bajo-Rubio, O., "The Saving-investment Correlation Revisited: The Case of Spain, 1964-1994", *Applied Economics Letters*, Vol. 5, No. 12, 1998, pp. 769-772.

Ballagriga, F. C., et al., "Investigating Private and Public Saving-investment Gaps in EC Countries", CEPR Working Paper, No. 607. December 1991. pp. 1-50.

Banerjee, A. and Carrion-i-Silvestre, J. L., "Cointegration in Panel Data with Breaks and Cross-section Dependence", Working Paper Series, No. 591, February 2006. pp. 1-54.

Banerjee, A. and Carrion-i-Silvestre, J. L., "Cointegration in Panel Data with Structural Breaks and Cross-section Dependence", *Journal of Applied Econometric*, Vol. 30, No. 1, January/February 2015, pp. 1-23.

Banerjee, A. and Carrion-i-Silvestre, J. L., "Testing for Panel Cointegration Using Common Correlated Effects Estimators", *Journal of Time Series Analysis*, Vol. 38, No. 4, July 2017, pp. 610-636.

Banerjee, A., et al., "Recursive and Sequential Tests of the Unit-root and Trend-break Hypotheses: Theory and International Evidence", *Journal of Business & Economic Statistics*, Vol. 10, No. 3, July 1992, pp. 87-217.

Banerjee, A., et al., "Some Cautions on the Use of Panel Methods for Integrated Series of Macroeconomic Data", *The Econometrics Journal*, Vol. 7, No. 2, November 2004, pp. 322-340.

Barkoulas, J., et al., "Time Series Evidence on the Saving-investment Relationship", *Applied Economics Letters*, Vol. 3, No. 2, 1996. pp. 77-80.

Bartley, W. A., et al., "Testing the Null of Cointegration in the Presence of a Structural Break", *Economics Letters*, Vol. 73, No. 3, December 2001, pp. 315-323.

Bayoumi, T., "Savings-investment Correlations: Immobile Capital, Government Policy or Endogenous Behavior", *IMF Staff Papers*, Vol. 37, No. 2, June 1990, pp. 360-387.

Begum, R. A., et al., "CO_2 Emissions, Energy Consumption, Economic and Population Growth in Malaysia", *Renewable and Sustainable Energy Review*, Vol. 41, January 2015, pp. 594-601.

Ben-David, D., et al., "Unit roots, Postwar Slowdowns and Long-run Growth: Evidence from Two Structural Breaks", *Empirical Economics*, Vol. 28, No. 2, April 2003, pp. 303-319.

Blanchard, O. and Giavazzi, F., "Current Account Deficits in the Euro Area: The End of the Feldstein-Horioka Puzzle", *Brooking Papers on Economic Activity*, Vol. 66, No. 2, September 2002, pp. 147-186.

Bouznit, M. and Pablo-Romero, M. del P., "CO_2 Emission and Economic Growth in Algeria", *Energy Policy*, Vol. 96, September 2016, pp. 93-104.

Boyreau-Debray, G. and Shang-Jin Wei, "Can China Grow Faster? A Diagnosis of the Fragmentation of its Domestic Capital Market", IMF Working Papers, No. 04/76, May 2004.

Breitung, J., "A Parametric Approach to the Estimation of Cointegration Vectors in Panel Data", *Econometric Review*, Vol. 24, No. 2, April 2005, pp. 151-173.

Campbell, J. and Perron, P., "Pitfalls and Opportunities: What Macroeconomists Should Know about Unit Roots", in Blanchard O. and Fishers S., eds., *NBER Macroeconomics Annual*, MIT Press, Cambridge, MA, 1991, pp. 141-201.

Campos, J., et al., "Cointegration Tests in the Presence of Structural Breaks", *Journal of Econometrics*, Vol. 70, No. 1, January 1996, pp. 187-220.

Caprio, G. A. and Howard, D. H., "Domestic Saving, Current Accounts, and International Capital Mobility", International Finance Discussion Paper, No. 244, June 1984, pp. 1-22.

Carion-i-Silvestre, J. L. and Sansó-i-Rosselló, A. S., "Testing for the Null Hypothesis of Cointegration with Structural Breaks", *Oxford Bulletin of Economics and Statistcs*, Vol. 68, No. 5, October 2006, pp. 623-646.

Carion-i-Silvestre, J. L., et al., "Response Surface Estimates for the Dickey - Fuller Test with Structural Breaks", *Economics Letters*, Vol. 63, No. 3, June 1999, pp. 279-283.

Carrion-i-Silvestre, J. L., et al., "Breaking the Panels: An Application to the GDP Per Capita", *Econometrics Journal*, Vol. 8, No. 2, July 2005, pp. 159-175.

Cati, R. C., et al., "Unit-roots in the Presence of Abrupt Governmental Interventions with an Application to Brazilian Data", *Journal of Applied Econometrics*, Vol. 14, No. 1, January/February 1999, pp. 27-56.

Chang, Y. and Nguyen, C. M., "Residual Based Tests for Cointegration in Dependent Panels", *Journal of Econometrics*, Vol. 167, No. 2, April 2012, pp. 504-520.

Chang, Y., "Bootstrap Unit Root Tests in Panels with Cross-sectional Dependency", *Journal of Econometrics*, Vol. 120, No. 2, June 2004, pp. 263-293.

Chen, P., et al., "Modeling the Global Relationships among Economic Growth, Energy Consumption and CO_2 Emissions", *Renewable and Sustainable Energy Reviews*, Vol. 65, November 2016, pp. 420-431.

Cheng, Li, "Savings, Investment, and Capital Mobility within China", *China Economic Review*, Vol. 21, No. 1, March 2010, pp. 14-23.

Cherno, H. and Zacks, S., "Estimating the Current Mean of a Normal Distribution Which is Subject to Changes in Time", *The Annals of Mathematical Statistics*, Vol. 35, No. 3, September 1964, pp. 999-1018.

Choi, I, "Combination Unit Root Tests for Cross-sectional Correlated Panels", *Hong Kong University of Science and Technology*, December 2002.

Chow, G. C., "Tests of Equality between Sets of Coefficients in Two Linear Regression", *Econometrica*, Vol. 28, No. 3, July 1960, pp. 591-605.

Christiano, L. J., "Searching for Breaks in GNP", *Journal of Business and Economic Statistics*, Vol. 10, No. 3, July 1992, pp. 237-250.

Churchill, S. A., et al., "The Environmental Kuznets Curve in the OECD: 1870-2014", *Energy Economics*, Vol. 75, September 2018, pp. 389-399.

Clemente, J., et al., "Testing for a Unit Root in Variables with a Double Change in the Mean", *Economics Letters*, Vol. 59, No. 2, May 1998, pp. 175-182.

Coakley, J., et al., "A Principal Components Approach to Cross-section Dependence in Panels", *Birkbeck College Discussion Paper*, No. B5-3, March 2002.

Coakley, J., et al., "Is the Feldstein-Horioka Puzzle History", *The Manchester School*, Vol. 72, No. 5, September 2004, pp. 569-590.

Coakley, J., et al., "Unobserved Heterogeneity in Panel Time Series", *Computational Statistics and Data Analysis*, Vol. 50, No. 9, May 2006, pp. 2361-2380.

Demetrescu, M. and Tarcolea, A. I., "Panel Cointegration Testing Using Nonlinear Instruments", Working paper, 2006.

Di Iorio, F. and Fachin, S., "Testing for Cointegration in Dependent Panels via Residual-based Bootstrap Methods", MPBA Paper, No. 12076, May 2007.

Di Iorio, F. and Stefano, F., "Savings and Investments in the OECD, 1970-2007: A Panel Cointegration Test with Breaks", MPRA Paper, No. 26969, January 2010.

Dooley, M., et al., "International Capital Mobility in Developing Countries vs. Industrial Countries: What do Savings-investment Correlations Tell Us?", IMF Staff Paper, Vol. 34, September 1987, pp. 503-530.

Dufour, J. M., "Recursive Stability Analysis of Linear Regression Relationships: An Exploratory Methodology", *Journal of Econometrics*, Vol. 19, No. 1, May 1982, pp. 31-76.

Esteve, V. and TaMarchit, C., "Threshold Co-integration and Nonlinear Adjustment between CO_2 and Income: The Environmental Kuznets Curve in Spain: 1985-2007", *Energy Economics*, Vol. 34, No. 6, November 2012, pp. 2148-2156.

Feldstein, M. and Bachetta, P., "National Saving and International Investment", in: Bernheim, D., Shoven, J., eds., *National Saving and Economic Performance*, The University of Chicago Press, 1991.

Feldstein, M. and Horioka, C., "Domestic Saving and International Capital Flows", *Economic Journal*, Vol. 90, No. 358, October 1980, pp. 314-329.

Feldstein, M., "Domestic Saving and International Capital Movements in the Long-run and the Short-run", *European Economic Review*, Vol. 21, No. 1-2, March-April 1983, pp. 129-151.

Fernández-Amador, O., et al., "Carbon Dioxide Emissions and Economic Growth: An Assessment Based on Production and Consumption Emission Inventories", *Ecological Economics*, Vol. 135, May 2017, pp. 269-279.

Fodha, M. and Zaghdoud, O. , "Economic Growth and Pollutant Emissions in Tunisia: An Empirical Analysis of the Environmental Kuznets Curve", *Energy Policy*, Vol. 38, No. 2, February 2010, pp. 1150-1156.

Forni, M. , et al. , "The Generalized Dynamic Factor Model: Identification and Estimation", *Review of Economics and Statistic*, Vol. 82, No. 4, 2000, pp. 540-554.

Gardner, L. A. , "On Detecting Changes in the Mean of Normal Variates", *The Annals of Mathematical Statistics*, Vol. 40, No. 1, 1969, pp. 116-126.

Gengenbach, C. , et al. , "Cointegration Testing in Panels with Common Factors", *Oxford Bulletin of Economics and Statistics*, Vol. 68, No. s1, December 2006, pp. 683-719.

Ghosh, S. , "Examining Carbon Emissions Economic Growth Nexus for India: A Multivariate Cointegration Approach", *Energy Policy*, Vol. 38, No. 6, June 2010, pp. 3008-3014.

Granger, C. W. J. and Newbold, P. , "Spurious Regression in Econometrics", *Journal of Econometrics*, Vol. 2, No. 2, July 1974, pp. 111-120.

Granger, C. W. J. , "Developments in the Study of Cointegrated Economic Variables", *Oxford Bulletin of Economics and Statistics*, Vol. 48, No. 3, 1986, pp. 213-228.

Greenaway-McGrevy, R. , et al. , "Asymptotic Distribution of Factor Augustmented Estimators for Panel Regression", *Journal of Econometrics*, Vol. 169, No. 1, July 2012, pp. 48-53.

Gregory, A. W. , et al. , "Testing for Structural Breaks in Cointegrated Relationships", *Journal of Econometrics*, Vol. 71, No. 1-2, March-April 1996, pp. 321-341.

Grier, K., et al., "Savings and Investment in the USA: Solving the Feldstein-Horioka Puzzle", Working Paper, 2009.

Groen, J. J. J. and Kleibergen, F., "Likelihood-based Cointegration Analysis in Panels of Vector Error-correction Models", *Journal of Business and Economic Statistic*, Vol. 21, No. 2, April 2003, pp. 295-318.

Gutierrez, L., "Simple Tests for Cointegration in Panels with Structural Breaks", *Applied Economics Letters*, Vol. 17, No. 2, February 2010, pp. 197-200.

Hamada, K. and Iwata, K., "On the International Capital Ownership Pattern at the Turn of the Twenty-first Century", *European Economic Review*, Vol. 33, No. 5, May 1989, pp. 1055-1085.

Hamit-Haggar, M., "Greenhouse Gas Emissions, Energy Consumption and Economic Growth: A Panel Cointegration Analysis from Canadian Industrial Sector Perspective", *Energy Economics*, Vol. 34, No. 1, January 2012, pp. 358-364.

Hanck, C., "A Meta Analytic Approach to Testing for Panel Cointegration", *Communications in Staticstics - Simulation and Computation*, Vol. 38, No. 5, 2009, pp. 1051-1070.

Hansen, B. E., "Testing for Parameter Instability in Linear Models", *Journal of Policy Modeling*, Vol. 14, No. 4, August 1992, pp. 517-533.

Hansen, B. E., "Tests for Parameter Instability in Regressions with $I(1)$ Processes", *Journal of Business and Economic Statistics*, Vol. 20, No. 1, January 2002, pp. 45-59.

Harbaugh, W., et al., "Reexamining the Empirical Evidence for an Environmental Kuznets Curve", *Review of Economics and Statistics*, Vol. 84, No. 3, August 2002, pp. 541-551.

Holtz-Eakin, D. and Selden, T. M., "Stoking the Fires? CO_2 Emissions and Economic Growth", *Journal of Public Economics*, Vol. 57,

No. 1, May 1995, pp. 85-101.

Horst Entorf, "Random Walks with Drifts: Nonsense Regression and Spurious Fixed-effect Estimation", *Journal of Econometrics*, Vol. 80, No. 2, October 1997, pp. 287-296.

Hussein, K. A., "International Capital Mobility in OECD Countries: The Feldstein-Horioka Puzzle Revisited", *Economics Letters*, Vol. 59, No. 2, May 1998, pp. 237-242.

Ibrahim, H. M. and Law, S. H., "Social Capital and CO_2 Emissions-output Relations: A Panel Analysis", *Renewable and Sustainable Energy Reviews*, Vol. 29, January 2014, pp. 528-534.

Jalil, A. and Mahmud, S. F., "Environment Kuznets Curve for CO_2 Emissions: A Cointegration Analysis for China", *Energy Policy*, Vol. 37, No. 12, December 2009, pp. 5167-5172.

Jansen, W. J. and Schultz, G., "Theory-based Measurement of the Saving-investment Correlation with an Application to Norway", *Economic Inquiry*, Vol. 34, December 2009, pp. 116-132.

Jaunky, V. C., "The CO_2 Emissions-income Nexus: Evidence from Rich Countries", *Energy Policy*, Vol. 39, No. 3, 2011, pp. 1228-1240.

Jiang, X. and Guan, D., "The Global CO_2 Emissions Growth after International Crisis and the Role of International Trade", *Energy Policy*, Vol. 109, October 2017, pp. 734-746.

Johansen, S., et al., "Cointegration Analysis in the Presence of Structural Breaks in the Deterministic Trend", *Econometrics Journal*, Vol. 3, No. 2, 2000, pp. 216-249.

Kander, Z. and Zacks, S., "Test Procedures for Possible Changes in Parameters of Statistical Distributions Occurring at Unknown Time Points", *The Annals of Mathematical Statistics*, Vol. 37, No. 5, October 1966, pp. 1196-1210.

Kao, C. and Chiang, M. H. , "On the Estimation and Inference of a Cointegrated Regression in Panel Data", *Econometrics*, Vol. 15, February 2001, pp. 179-222.

Kao, C. , "Spurious Regression and Residual-based Tests for Cointegration Panel Data", *Journal of Econometrics*, Vol. 90, No. 1, May 1999, pp. 1-44.

Kapetanios, G. and Pesaran, M. H. , "Alternative Approaches to Estimation and Inference in Large Multifactor Panels: Small Sample Results with an Application to Modelling of Asset Returns", in Phillips G. and Tzavalis E. , eds. , *The Refinement of Econometric Estimation and Test Procedures: Finite Sample and Asymptotic Analysis*, Cambridge: Cambridge University Press. 2007.

Kapetanios, G. , "Unit-root Testing Against the Alternative Hypothesis of up to M Structural Breaks", *Journal of Time Series Analysis*, Vol. 26, No. 1, January 2005, pp. 123-133.

Kasman, A. and Duma, Y. S. , " CO_2 Emissions, Economic Growth, Energy Consumption, Trade and Urbanization in New EU Member and Candidate Countries: A Panel Data Analysis", *Economic Modelling*, Vol. 44, January 2015, pp. 97-103.

Kuznets, S. , "Economic Growth and Income Inequality", *American Economic Review*, Vol. 45, No. 1, May 1955, pp. 1-28.

Lantz, V. and Feng, Q. , "Assessing Income, Population, and Technology Impacts on CO_2 Emissions in Canada: Where's the EKC?", *Ecological Economics*, Vol. 57, No. 2, May 2006, pp. 229-238.

Larsson, R. , et al. , "Likelihood-based Cointegration Tests in Heterogeneous Panels", *Econometrics Journal*, Vol. 4, No. 1, 2001, pp. 109-142.

Leal, P. H. and Marques, A. C. , "Rediscovering the EKC Hypothesis for the 20 Highest CO_2 Emitters among OECD Countries by Level of

Globalization", *International Economics*, Vol. 164, December 2020, pp. 36−47.

Maddala, G. S. and Kim, I. M., *Unit Roots, Cointegration and Structural Change*, Cambridge: Cambridge University Press, 1998.

Maddala, G. S. and Wu, S., "A Comparative Study of Unit Root Tests with Panel Data and a New Simple Test", *Oxford Bulletin of Economics and Statistics*, Vol. 61, Special Issue 1, November 1999, pp. 631−652.

McCoskey, S. and Kao, C., "A Residual-based Test of the Null of Cointegration in Panel Data", *Econometric Review*, Vol. 17, No. 1, 1998, pp. 57−84.

Moutinho, V., et al., "Cointegration and Causality: Considering Iberian Economic Activity Sectors to Test the Environmental Kuznets Curve Hypothesis", *Environmental and Ecological Statistics*, Vol. 27, 2020, pp. 363−413.

Murphy, R. G., "Capital Mobility and the Relationship between Saving and Investment in OECD Countries", *Journal of International Money and Finance*, Vol. 3, No. 3, December 1984, pp. 327−342.

Narayan, P. K. and Narayan, S., "Carbon Dioxide Emissions and Economic Growth: Panel Data Evidence from Developing Countries", *Energy Policy*, Vol. 38, No. 1, January 2010, pp. 661−666.

Newey, W. K. and West, K. D., "Automatic Lag Selection in Covariance Matrix Estimation", *Review of Economic Studies*, Vol. 61, No. 4, October 1994, pp. 631−653.

Ng, S. and Perron, P., "Lag Length Selection and the Construction of Unit Root Tests with Good Size and Power", *Econometrica*, Vol. 69, No. 6, November 2001, pp. 1519−1554.

Noriega, A. E. and Ventosa-Santaulària, D., "Spurious Cointegration: The Engle-Granger Test in the Presence of Structural Breaks",

Working paper, December 2006.

Obstfeld, M. and Rogoff, K., "The Six Major Puzzles in International Macroeconomics: Is There a Common Cause", *NBER Macroeconomics Annual*, Vol. 15, 2000, pp. 339-390.

Padilla, E. and Serrano, A., "Inequality in CO_2 Emissions across Countries and Its Relationship with Income Inequality: A Distributive Approach", *Energy Policy*, Vol. 34, pp. 1762-1772.

Page, E. S., "A Test for a Change in a Parameter Occurring at an Unknown Point", *Biometrika*, Vol. 42, No. 3, December 1955, pp. 523-526.

Palm, F. C., et al., "Cross-sectional Dependence Robust Block Bootstrap Panel Unit Root Tests", *Journal of Econometrics*, Vol. 163, No. 1, July 2011, pp. 85-104.

Panayotou, T., "Empirical Tests and Policy Analysis of Environmental Degradation at Different Stages of Economic Development", *Pacific and Asian Journal of Energy*, Vol. 4, No. 1, February 1993.

Pao, H. and Tsai, C., "Modelling and Forecasting the CO_2 Emissions, Energy Consumption and Economic Growth in Brazil", *Energy*, Vol. 36, No. 5, May 2011, pp. 2450-2458.

Papapetrou, E., "The Saving-investment Correlation in Greece, 1960-1997: Implications for Capital Mobility", *Journal of Policy Modeling*, Vol. 25, No. 6-7, September 2003, pp. 609-616.

Paparoditis, E. and Politis, D. N., "Residual-based Block Bootstrap for Unit Root Testing", *Econometrica*, Vol. 71, No. 3, May 2003, pp. 1-19.

Pata, U. K. and Aydin, M., "Testing the EKC Hypothesis for the Top Six Hydropower Energy-consuming Countries: Evidence from Fourier Bootstrap ARDL Procedure", *Journal of Cleaner Production*, Vol. 264, August 2020, pp. 1-10.

Pata, U. K. , "Renewable Energy Consumption, Urbanization, Financial Development, Income and CO_2 Emissions in Turkey: Testing EKC Hypothesis with Structural Breaks", *Journal of Cleaner Production*, Vol. 187, June 2018, pp. 770–779.

Pedroni, P. , "Critical Value for Cointegration Tests in Heterogeneous Panels with Multiple Regressors", *Oxford Bulletin of Economics and Statistics*, Vol. 61, Special Issue 1, 1999, pp. 653–678.

Pedroni, P. , "Panel Cointegration: Asymptotic and Finite Sample Properties of Pooled Time Series Tests with an Application to the PPP Hypothesis", *Econometric Theory*, Vol. 20, No. 3, 2004, pp. 597–625.

Penati, A. and Dooley, M. P. , "Current Account Imbalances and Capital Formation in Industrial Countries: 1948–1981", IMF Staff Papers, Vol. 31, No. 1, March 1984, pp. 1–24.

Perron, P. , "Further Evidence on Breaking Trend Functions in Macroeconomic Variables", *Econometrics*, Vol. 80, No. 2, October 1997, pp. 355–385.

Perron, P. , "The Great Crash, the Oil Price Shock, and the Unit-root Hypotheses", *Econometrica*, Vol. 57, No. 6, 1989, pp. 1361–1401.

Persson, T. and Svensson, L. E. O. , "Current Account Dynamics and the Terms of Trade: Harberger–Laursen–Metzler Two Generations Later", *Journal of Political Economy*, Vol. 93, No. 1, February 1985, pp. 43–65.

Pesaran, M. H. , "A Simple Panel Unit Test in the Presence of Cross-section Dependence", *Journal of Applied Econometrics*, Vol. 22, No. 2, March 2007, pp. 265–312.

Pesaran, M. H. , "Estimation and Inference in Large Heterogeneous Panels with a Multifactor Error Structure", *Econometrica*, Vol. 74, No. 4, July 2006, pp. 967–1012.

Peters, G. P. , et al. , "Rapid Growth in CO_2 Emissions after the

2008-2009 Global Financial Crisis", *Nature Climate Change*, Vol. 2, No. 1, January 2012, pp. 2-4.

Phillips, P. C. B. and Sul, D. , "Dynamic Panel Estimation and Homogeneity Testing under Cross Section Dependence", *Econometrics Journal*, Vol. 6, No. 1, 2003 pp. 217-259.

Phillips, P. C. B. , "Understanding Spurious Regressions in Econometrics", *Journal of Econometrics*, Vol. 33, No. 3, December 1986, pp. 311-340.

Piaggio, M. , et al. , "The Long-term Relationship between CO_2 Emissions and Economic Activity in a Small Open Economy: Uruguay 1882-2010", *Energy Economics*, Vol. 65, June 2017, pp. 271-282.

Ploberger, W. and Phillips, P. C. B. , "Optimal Testing for Unit Roots in Panel Data", Working paper, University of Rochester, 2004.

Rao, B. B. , et al. , "Systems GMM Estimates of the Feldstein-Horioka Puzzle for the OECD Countries and Tests for Structural Breaks", *Economic Modelling*, Vol. 27, No. 5, September 2010, 99. 1269-1273.

Robertson, D. and Symons, J. , *Factor Residuals in SUR Regressions: Estimating Panels Allowing for Cross Sectional Correlation*, Unpublished Manuscript, University of Cambridge, 2000.

Roinioti, A. and Koroneos, C. , "The Decomposition of CO_2 Emissions from Energy Use in Greece before and during the Economic Crisis and Their Decoupling from Economic Growth", *Renewable and Sustainable Energy Reviews*, Vol. 76, September 2017, pp. 448-459.

Saboori, B. , et al. , "Economic Growth and CO_2 Emissions in Malaysia: A Cointegration Analysis of the Environmental Kuznets Curve", *Energy Policy*, Vol. 51, December 2012, pp. 184-191.

Sarkodie, S. A. and Ozturk, I. , "Investigating the Environmental Kuznets Curve Hypothesis in Kenya: A Multivariate Analysis", *Renewable and Sustainable Energy Reviews*, Vol. 117, January 2020, pp. 1-12.

Schmidt, P. and Phillips, P. C. B. , "LM Tests for a Unit Root in the Presence of Deterministic Trends", *Oxford Bulletin of Economics and Statistics*, Vol. 54, No. 3, 1992, pp. 257-287.

Sephton, P. and Mann, J. , "Further Evidence of the Environmental Kuznets Curve in Spain", *Energy Economics*, Vol. 36, March 2013, pp. 177-181.

Shafik, N. and Bandyopadhyay, S. , "Economic Growth and Environmental Quality: Time Series and Cross-country Evidence", Background Paper for the World Development Report, The World Bank, Washington, D. C. , 1992.

Shahbaz, M. , et al. , "Time-varying Analysis of CO_2 Emissions, Energy Consumption, and Economic Growth Nexus: Statistical Experience in Next 11 Countries", *Energy Policy*, Vol. 98, November 2016, pp. 33-48.

Shahbaz, M. , et al. , "Testing the Globalization-driven Carbon Emissions Hypothsis: International Evidence", *International Economics*, Vol. 158, August, 2019, pp. 25-38.

Sharma, S. S. , "Determinants of Carbon Dioxide Emissions: Empirical Evidence from 69 Countries", *Applied Energy*, Vol. 88, No. 1, January 2011, pp. 376-382.

Sinha, T. and Sinha, D. , "The Mother of All Puzzles Would Not Go Away", *Economics Letters*, Vol. 82, No. 2, February 2004, pp. 259-267.

Sinn, S. , "Saving-investment Correlations and Capital Mobility: On the Evidence from Annual Data", *Economic Journal*, Vol. 102, No. 414, September 1992, pp. 1162-1170.

Soberon, A. and D'Hers, I. , "The Environmental Kuznets Curve: A Semiparametric Approach with Cross-sectional Dependence", *Journal of Risk and Financial Management*, Vol. 13, No. 11, 2020, p. 1-23.

Stock, J. H. and Watson, M. W. , "A Simple Estimator of Cointegrating Vectors in High Order Integrated Systems", *Econometrica*,

Vol. 61, No. 4, July 1993, pp. 91-115.

Stock, J. H., "A Class of Tests for Integration and Cointegration", In R. F. Engle and H. White eds., *Cointegration, Causality and Forecasting: A Festchrift in Honour of Clive W. F. Granger*, Oxford: Oxford University Press, 1999, pp. 135-167.

Tam, P. S., "Testing for No Cointegration with Structural Breaks in Panel Data", Working paper, 2007.

Tesar, L. L., "Saving, Investment and International Capital Flows", *Journal of International Economics*, Vol. 31, No. 1-2, August 1991, pp. 55-78.

Tobin, J., "Comments on 'Domestic Saving and International Capital Flows in the Long-run and the Short-run' by M. Feldstein", *European Economic Review*, Vol. 21, 1983, pp. 153-156.

Tsoukis, C. and Alyousha, A., "The Feldstein-Horioka Puzzle, Saving-investment Causality and International Financial Market Integration", *Journal of Economic Integration*, Vol. 16, No. 2, June 2001, pp. 262-277.

Ulucak, R. and Bilgili, F., "A Reinvestigation of EKC Model by Ecological Footprint Measurement for High, Middle, and Low Income Countries", *Journal of Cleaner Production*, Vol. 188, July 2018, pp. 144-157.

Wang, K., "Modelling the Nonlinear Relationship between CO_2 Emissions from Oil and Economic Growth", *Economic Modelling*, Vol. 9, No. 5, September 2012, pp. 1537-1547.

Wang, S., et al., "Urbanization, Economic Growth, Energy Consumption, and CO_2 Emissions: Empirical Evidence from Countries with Different Income Level", *Renewable and Sustainable Energy Reviews*, Vol. 81, January 2018, pp. 2144-2159.

Wang, W., et al., "The Balassa-Samuelson Hypothesis in the Developed and Developing Countries Revisited", *Economics Letters*, Vol. 146, September 2016, pp. 33–38.

Westerlund, J. and Edgerton, D. L. , "New Improved Tests for Cointegration with Structural Breaks", *Journal of Time Series Analysis*, Vol. 28, No. 2, February 2007, pp. 188–224.

Westerlund, J. and Edgerton, D. L. , "Panel Cointegration Tests with Deterministic Trends and Structural Breaks", Working paper, October 2005.

Westerlund, J. and Edgerton, D. L. , "A Panel Bootstrap Cointegration Test", *Economics Letters*, Vol. 97, No. 3, December 2007, pp. 185–190.

Westerlund, J. and Edgerton, D. L. , "A Simple Test for Cointegration in Dependent Panels with Structural Breaks", *Oxford Bulletin of Economics and Statistics*, Vol. 70, No. 5, September 2008, pp. 665–704.

Westerlund, J. , "A Panel CUSUM Test of the Null of Cointegration", *Oxford Bulletin of Economics and Statistics*, Vol. 67, No. 2, January 2005, pp. 231–262.

Westerlund, J. , "New Simple Tests for Panel Cointegration", *Econometric Reviews*, Vol. 24, No. 3, 2005, pp. 297–316.

Westerlund, J. , "Reducing the Size Distortions of the Panel LM Test for Cointegration", *Economics Letters*, Vol. 90, No. 3, March 2006, pp. 384–389.

Westerlund, J. , "Testing for Error Correction in Panel Data", *Oxford Bulletin of Economics and Statistics*, Vol. 69, No. 6, July 2007, pp. 709–748.

Westerlund, J. , "Testing for Panel Cointegration with a Level Break", *Economics Letters*, Vol. 91, No. 1, April 2006, pp. 27–33.

Westerlund, J. , "Testing for Panel Cointegration with Multiple Structural Breaks", *Oxford Bulletin of Economics and Statistics*, Vol. 68,

No. 1, February 2006, pp. 101-132.

Yavuz, N. C., "CO_2 Emissions, Energy Consumption, and Economic Growth for Turkey: Evidence from a Cointegration Test with a Structural Break", *Energy Sources, Part B: Economics, Planning and Policy*, Vol. 9, No. 3, 2014, pp. 229-235.

Yule, G. U., "Why Do We Sometimes Get Nonsense Correlations between Time Series? A Study in Sampling and the Nature of Time Series", *Journal of the Royal Statistical Society*, Vol. 89, January 1926, pp. 1-64.

Zhang, Y., et al., "The Impact of Economic Growth, Industrial Structure and Urbanization on Carbon Emission Intensity in China", *Natural Hazards*, Vol. 73, No. 2, 2014, pp. 579-595.

索 引

A

ADF 统计量 11,32

B

BIC 信息准则 73

C

长期均衡关系 58,64,109,112,113
储蓄 55-59,61,63,64

D

DOLS 14,15,38,61,66,69,106
断点 3,5-9,28,31-33,39,42,44-47,59-63,65,69,72,73,76-84,87-89,93-96,98,105,106,113,129

E

二氧化碳排放 10,97-103,105-109,111-114

F

发达国家 10,98,100,102-114
发展中国家 10,98,100,102,103,105-109,112-114
非平稳 2,4,9,36,41,60,65,72,79,80,85,87,89,90,92-96,101,106-109
Feldstein-Horioka 之谜 10,57,59,61,63
FMOLS 15,20

G

公共随机趋势 3,6,67,74
公共因子 7-9,19,21,22,27,31,32,36-43,45-47,61,64-69,71-74,76,78-83,87,89,93-96,106,115,129

H

环境库兹涅兹曲线 10,98,114

索引

J

极限分布 5,17,27,31,32,35,
38,54,61,66,69,120

渐近分布 5,7-10,16,23,26,
39,42,44,48,65,75,77

检验功效 6,8,11,15,80,81,
83,84,96,101

检验势 5,28,44-50,53,54,
77,78,80-84,96,129,131,
133,135

检验水平 28,45,46,48,51,52,
54,77-79,81-83,96,128,
131,133,135

结构突变 3,5,6,8,27,28,35,
36,38,54,59,60,62-64,66,
68,98,101,104

结构稳定 2,3,35,66,101

截面独立 3,6,28-30,35,37,
38,43,58,76,100,101

截面相关 3,5-11,19-21,24-
27,30-32,34-39,41,43,45,
47,49,51,53,54,59-67,69,
71,73,75-77,79-81,83,85,
87,89,91,93,95,96,98,100,
101,104,106,107,113

经济增长 10,55,64,97-101,
103,105-114

L

联合最小二乘估计法 70

两步迭代法 72,98,110

LM 型统计量 18

LR 型统计量 18,26

M

蒙特卡洛模拟 4-6,10,27,44,
48,54,66,74,77,78,95,96,
101,128

面板平稳性检验 60,104

面板协整检验 2,3,5-11,13,
15,17,19,21,23,25,27-35,
37,39,41,43,45,47,49,51,
53,58,59,61,62,64-67,69,
71,73,75,77,79,81,83,85,
87,89,91,93,95,96,98,101,
106,113

MQ 统计量 85-96,137-146

MSB 统计量 66,71

N

内生 5,14,15,22,23,38,57,
61,66,69,95,98,100,102

S

时间趋势 5,6,8,9,12,22,29,
35,36,48,54,91,95,98,101,

106,110,113
水平扭曲 7,48,54,79,96
SIC^* 准则 50,54,62,73,107

T

投资 55-59,61,64

W

外生 12,21-23,27,38,58,61,69
伪回归 2,4,9,36,39,41,72
误差修正模型 11,19,27

X

协整关系 5,6,8,10-12,14-16,19-21,25,27-29,31-34,36,38,39,54,62,67,70,75,95,98,106-109
协整向量 2,6,8,17,25,29-31,36,37,39,62,67,79,80,82,84,88,93,95,96,101,106-108
序列相关 5,8,9,12,14,15,19,20,40,54,61,69,95

Y

一致估计量 12,14,26,66,72,110
异质误差 16,32,38,41,67,71,72,76,78,85,87,89,90,92,93,96
因子模型 7,8,21,39,69,71,72
因子向量 21,68
有限样本性质 10,51,54,66,95
有效性 1,7,24

Z

载荷向量 21,40
主成分 7,32,38,40,41,72
资本流动 10,55-59,63,64,98
自举法 7,9,19,21,27,30,33,60,65,104

后　记

本书是我的硕士毕业论文、博士毕业论文(节选)和相关期刊论文组合而成。自硕士阶段参加导师王维国教授的国家自然科学基金面上项目"基于结构突变和截面相关的省际碳排放面板协整检验方法"以来,我已经在这个领域学习了八年。这是我认识理论计量经济学的开端,激发了我深入学习理论计量经济学的兴趣,也是我现今工作的基石。这本书的出版是对我八年学习成果的一个小结,也是对我学生时代的一个交代。在此付梓之际,回首过去的时光,有初入校园的期待与憧憬,有科研路上的彷徨与无助,有完成目标的欣喜与激动,有与大家在一起的狂欢时,也有一个人孤独的求学路,点点滴滴,感慨万千。

很庆幸,我在三观和认知趋于完善的时期遇到了我的恩师——王维国教授。从本科到博士,老师陪伴了我的成长。在这十几年中,老师一直教导我为人之道,善良、诚实、守信、严于律己宽以待人,老师的一言一行深深影响着我。在日常生活中,老师待我如女儿般关心和鼓励,在学习和科研中,老师待我也如女儿般严格要求。老师用治学严谨的态度和孜孜不倦的精神鞭笞着我,用博大精深的知识和高瞻远瞩的思路引领着我,用信任和信心鼓励着我,让我能够在科研的道路上坚持下来。培育之情、授业之恩,铭记于心。

本书的顺利完成需要感谢各位老师和同学的帮助。感谢东北财经大学于刚老师,在我还是一个懵懂无知的硕士生时,于老师不但在理论和技术上给了我很大的帮助,为我提供很多思路,让我懂得认真地对待论文中的每个细节,不急不躁,而且每当我悲观想放弃的时候,于老师都在不断地鼓励我,给我信心,让我懂得治学这条路上要戒浮戒躁,坚定地走下去。感谢中国人民大学的王霞老师认真阅读了我的硕士毕业论文,提出了许多中肯的建议。感谢南开大学的张晓峒老师,解答了我学术上的许多盲点。感谢我的同门杜重华博士和刘丰博士给予我的帮助和鼓励。感谢答辩组和外审的各位老师,谢谢老师们在开题、预答辩、答辩以及论文外审的时候提出的宝贵意见,让我能够对文章作出进一步思考,完善论文。感谢我的学生付艳景、郭开耀和张一诺,帮助我对书稿做了文字校对工作。

感谢中国社会科学出版社编辑老师为本书出版所付出的心血。

最后,我要感谢我的先生一直以来对我的支持和鼓励,帮助我顺利完成博士论文。我还要感谢我的父母这一路上对我的包容、理解和默默付出。你们是支撑我一路走来最强大的动力。

薛 景
2022 年 5 月 20 日